KB057691

삶이 묻고
죽음이 답하다

삶과 죽음에 대한
역설적 이야기

삶이
묻고

죽음이
답하다

임영창 지음

죽음을 지혜롭게 마주할 때 비로소
삶의 의미와 가치를 깨달을 수 있습니다

죽은 모시는사람들

삶은 죽음의 화폭에 그려진 그림입니다

'죽음'은 대부분의 사람들에게 부담스러울 뿐 아니라 환영받지 못하는 주제임이 분명합니다. '죽음'에 대해 이야기를 하려고 하면, 사람들의 눈초리부터 달라지는 것을 느낍니다. 가급적 그 이야기를 피하려고 합니다. 그럴 만한 이유가 분명히 있습니다.

첫째, 사람은 누구나 죽음을 피하고 싶어 하기 때문입니다. 보통 사람들이 생각하는 죽음은 우울한 주제입니다. 죽음을 생각하면 누구나 두렵고, 인생의 허무함을 떠올리지 않을 수 없습니다. 무엇보다 죽음을 이야기하면 나에게 죽음이 당장 찾아올 것 같은 섬뜩한 생각이 들게 마련입니다.

둘째, 죽음에 대한 공부 이야기를 하면 '죽음을 준비하는 것'으로만 생각하는 경향이 있습니다. 거의 모든 사람이 '죽음에 대해 공부할 시기는 죽음을 앞두었을 때'라고 생각합니다. 죽음이야말로 삶의 배경이 되어서, 삶의 의미를 빛나게 하는 우리 인생의 공동주연이라는 인식을 하지 않습니다.

셋째, 특히 현대인은 '사는 동안 이 세상에서 누릴 수 있는 것을 최대한 누리며 살다가 죽으면 그만*이라는 관념이 지배적입니다. 눈에 보이는 이 세상의 삶이 전부인 것처럼 생각하여, 물질적 풍요와 현실적 안락만 중시하며 살아가고 있습니다.

이 책을 읽어 가는 동안, 그런 오해가 하나하나 해소될 수 있기를 바랍니다. 언제인지는 알 수 없지만 죽음은 누구에게나 찾아오고, 나 자신도 언젠가는 반드시 겪어야 할 삶의 소중한 부분입니다. 죽음은 생명의 그림자와 같아서, 아무리 외면하고 언급을 회피하더라도 살아 있는 한 결코 없어지지 않습니다. 죽음에 관한 이야기를 애써 피하거나 못 본 체 한다고 해서 죽음이 우리를 비켜가지도 않거니와, 그런 태도는 우리 인생에 전혀 도움이 되지 않습니다. 죽음에 대해 이야기하지도 않고 그 실체를 알고자 하지 않는다면, 죽음은 오히려 인생의 근심과 걱정, 괴로움의 원천이 될 수 있습니다.

죽음과 밀접한 관계를 맺고 살아가는 목사로서, 죽음에 대한

---

* 김균진, 『죽음과 부활의 신학: 죽음 너머 영원한 생명을 희망하며』(새물결플러스, 2015), p. 90.

공부가 우리에게 절대로 필요함을 느끼고, 이를 오랫동안 연구하고 묵상한 결과물을 책으로 엮었습니다. 이 책 전체를 한마디로 요약하면 다음과 같습니다.

"죽음 공부는 이 세상에 사는 모든 사람들에게 삶의 의미가 무엇인지를 깨닫게 해주는 것이다. 삶의 의미를 알고 싶거든 반드시 죽음에 대해 알아야 한다."

죽음에 대한 공부는 죽음을 앞둔 사람은 물론 지금 여기를 사는 '나'에게 꼭 필요한 공부입니다. 왜냐하면 죽음의 실체를 분명하게 아는 것이 우리 삶을 의미 있게 만드는 가장 좋은 가르침이자 진리가 되기 때문입니다. 당신의 삶을 가치 있고 의미 있는 것으로 만들어, 여생이 행복하고 평안하며 풍성하기를 원하신다면, '두려움의 극복과 죽음이 주는 지혜'를 이 책에서 찾아 삶의 에너지원(原)으로 만들어 보시기를 권합니다. 이 두 가지 삶의 재료를 가지고 요리를 해 나간다면, 여러분의 삶은 날마다 더욱 아름답고 기쁘고, 감사가 넘치는 모습으로 변하게 될 것입니다.

이 책은 전적으로 하나님 은혜의 산물입니다. 하나님께서는 저로 하여금 암 환자로서 죽음의 자리에 서게 하시고, 죽음이 주는 두려움이 무엇인지를 체험하게 하셨을 뿐 아니라 죽음에 대해 공부하도록 이끄셔서 진정한 삶의 가치와 의미를 깨닫게 하셨습니다. 살아 있다는 것 자체가 하나님의 은혜임을 깨닫게 하셨고, 감사의 제목이라는 지혜를 얻게 하셨습니다.

저에게 죽음 공부를 계속해 나갈 수 있도록 용기를 주시고 지켜봐 주신 화순만나교회 교인들의 사랑과, 힘든 목회 여정을 자랑스럽게 여겨 주는 제 가족들의 격려가 이 글을 쓸 수 있게 한 큰 힘이었습니다.

이 책이 나오기까지 너무나 많은 분들에게 빚을 졌습니다. 제가 죽음학을 연구하는 동안 늘 격려와 학문적인 조언을 해주신 것은 물론이고 초고를 꼼꼼히 읽어주시고 부족한 부분을 채울 수 있도록 도움을 주신 전남대학교 의과대학 최찬 교수님은 제게 최고의 멘토였습니다. 또한 한국에 계실 때 의학계를 중심으로 죽음학 세미나를 꾸준히 이끄시다가, 지금은 미국에서 바쁜 일정을 보내고 계신 김자성 박사님도 초고를 읽어주시고 죽음학의 관점에서 주옥같은 조언을 해 주셨습니다. 투박한 초고를 읽고 보완할 내용을 가르쳐주신 오영석 한신대 명예교수님과 양교철 목사님, 그리고 고(故) 이영재 박사님의 도움도 이 책에 담겨 있습니다. 또한 섬세하게 교정을 해주신 아시아인문재단 이종욱 박사님의 헌신 덕택에 가독성이 높아졌다는 것도 알

러드립니다.

가톨릭대 인천성모병원 박중철 교수님과 한신대 김주한 교수님께서 바쁘신 가운데서도 기꺼이 추천사를 써주셨습니다. 무엇보다 바람(HOPE) 의료복지회 회원들은 함께 죽음학을 공부하는 과정에서 제게 책 발간을 추천, 성원함으로써 이 책이 세상에 나올 수 있었음을 밝힙니다.

저에게 베푸신 사랑과 수고에 진심으로 감사드립니다.

죽음의 사슬에 매여 힘들어 하는 분들에게 죽음을 극복하는 길을 찾는 데 도움이 되기를 바라는 저의 마음을 이 책에 담았습니다. 이 책이 '죽음의 두려움'을 극복하는 데 좋은 길잡이가 되면 좋겠습니다. 또한 독자들이 '죽음이 들려주는 지혜'의 소리에 귀 기울이는 가운데 '참된 삶의 의미와 가치'를 생각하며 살아가게 된다면 저자로서는 더할 수 없이 영광스러울 것입니다.

아름답고 행복하며, 가치 있고 의미 있는 삶을 살기 원한다면 결국 우리는 삶의 의미를 죽음에게 물어 보고 거기에서 해답을 찾아야 합니다. 이 책이 그 일을 이루시는 데 도움이 되기를 다시 한번 기원합니다.

2022년 겨울

전남 화순에서 임영창

죽음의 극복을 위한 친절한 입문서

박중철_ 카톨릭대학교 인천성모병원 가정의학과 교수

저는 가정의학을 전공한 호스피스 의사입니다. 어느 날 외래 진료실로 70대 후반의 남자 환자가 딸과 함께 들어섰습니다. 환자는 전립선암 수술을 받고 정기적으로 검진을 받고 있었습니다. 그런데 몇 달 전부터 원인을 알 수 없는 불면과 피로, 무기력증이 생긴 것입니다. 혹시 암이 재발된 것은 아닐까 하여 비뇨의학과에서 여러 정밀검사를 시행했지만 다행히 암의 재발 징후는 나타나지 않았습니다. 더불어 시행한 여러 혈액 검사들도 모두 정상 수치를 보이고 있어서 도무지 원인을 찾을 수가 없었습니다. 만성피로증후군 또는 노인 갱년기 증상이 아니겠느냐 생각한 주치의는 저희 과 진료를 환자에게 권유했던 것입니다.

환자분의 불편감에 대해 차분히 듣고 있자니 특이한 점이 눈에 띄었습니다. 그것은 환자가 조금이라도 죽음을 연상케 하는 말을 하면 딸이 꾸짖듯이 그런 약한 말은 하지 말라며 아버지의 말을 가로막는 것이었습니다. 예를 들면, '이제 살 만큼 살았다' 라든지, '암을 겪고 나니 죽음이 멀지 않더라' 등등의 말이었습니다. 아버지의 이런 말은 70년을 훌쩍 넘긴 긴 인생을 살아온 어른들이라면 당연할 수 있는데 40대 딸은 어떤 부정한 기운이 깃들까봐 극도로 그런 이야기를 기피했습니다.

아마도 70대 환자의 마음은 몹시도 답답했나 봅니다. 나이가 들고 이제 정말 인생 황혼기가 다가온 것을 실감하게 되었는데 그런 헛헛한 마음을 나누고 공감받을 사람을 찾지 못했던 것 같습니다.

제가 감명 깊게 읽은 『우연의 질병, 죽음의 필연』에서 주인공 미야노 마키코는 말기 유방암 진단을 받습니다. 주변에서는 모두 그에게 어떤 말을 건네야 할지 몰라 '기적의 약'이라 불리는 온갖 민속치료 약들과 치료법들을 수소문해서 보내줍니다. 마키코는 오히려 계속 살아야 한다고 강요를 받는 것 같아 견딜 수 없는 고독과 경우에 따라 분노마저 느끼게 됩니다.

대부분의 현대인에게 죽음의 극복이란 질병을 피해 영생을 누리는 것을 의미하는 것 같습니다. 자연스러운 현상인 노화마저도 이제 질병으로 다루는 것이 현대의학이니까요. 사람들은 회춘할 수 있는 유전자가 발견됐다거나, 죽지 않는 미생물이 발견되었다는 등의 소식에 마치 영생불사의 문이 열리는 것마냥 기대감으로 열광합니다. 하지만 아직까지 모든 인간이 죽는다는 사실은 추호도 흔들리지 않고 우리에게 적용되고 있습니다.

모든 인간은 죽음을 두려워합니다. 그래서 죽음을 극복하고 싶어 합니다. 어떤 이는 영원한 생명을 추구하면서, 어떤 이는 현실의 세속적 욕망에 천착하면서 삶의 유한함과 죽음의 공포로부터 벗어나려고 합니다. 하지만 결국 맞이하게 되는 죽음은 이 모든 것이 부질없고 헛되다는 것을 깨우쳐줍니다. 그렇다면 마치 목줄에 매여 도살장으로 끌려가는 짐승처럼 처량하게 죽음을 기다려야 하는 걸까요?

임영창 목사님의 『삶이 묻고 죽음이 답하다』는 이런 죽음의 극복에 대해 헛되지 않은 길을 제시합니다. 두려움이라는 감정 없이 죽음을 맞이할 수 있다면 우리는 죽음이라는 사건 앞에서 비참함을 느끼지 않아도 됩니다. 저자는 두려움을 극복하는 방법으로 크게 세 가지 방법을 제시합니다.

첫째는 죽음 자체를 제대로 이해할 것, 둘째는 죽음을 새로운 삶의 기회로 삼을 것, 셋째는 죽음 이후 새롭게 펼쳐질 사후 세계에 대한 기대를 가질 것입니다.

죽음의 장소가 집에서 병원으로 옮겨가게 되면서 연명의료가 급증하여 비참한 죽음이 양산되고 있습니다. 그 반작용으로 2018년 연명의료결정법이 시행되면서 이제 '웰다잉'에 대한 국민들의 관심이 커지고 있습니다. 그 와중에 최근 조력 존엄사법이 발의되면서 '웰다잉'에 대한 바람이 삶의 쉬운 포기로 변질되는 것은 아닌가 하는 우려도 커지고 있습니다. 그런 기류에 편승해 죽음에 관련된 책들이 마구 범람하고 있는 것도 사실입니다. 그만큼 죽음에 대한 깊이 있는 이해가 요구되는 시절입니다. 그런 면에서 이 책은 기존의 책들과 확연히 구별되는 지점이 있습니다. 가슴 절절한 에세이를 통해 죽음을 낭만화하지도 않고, 비극적 사례들을 나열하는 죽음에 대한 과도한 공포심을 조장하는 시도도 일절 하지 않습니다.

철저히 현대인들이 무엇을 걱정하고 두려워하는지 마치 자상한 어머니의 마음으로 다가가 한 올 한 올 그 걱정의 실타래를 풀어냅니다. 이 책은 시종일관 친절한 문체로 독자의 마음을 다독거리면서 죽음에 대한 균형되고 깊이 있는 이해로 안내합니다. 책을 읽다 보면 저자의 제안대로 한번 '좋은 죽음', 다시 말해 두려움을 극복하고 삶을 완성하는 도전에 나서고 싶다는 용기가 차오르게 됩니다.

죽음에 대한 관심만큼이나 좋은 죽음에 대한 이해가 제각각인 혼란의 시대에서 사람들의 마음을 진정시키고, 진솔하게 죽음을 마주할 수 있는 좋은 책이 출간되어 반갑기 그지없습니다. '호스피스 지원센터'를 만들어 말기 암 환자들의 행복하고 존엄한 임종을 돕고 있도록 도움을 주는 저자의 현장에서의 생생한 경험들과 목회학 박사로서의 진중한 학문적 깊이가 이 책에 균형 있게 어우러져 있습니다. 무엇보다도 인간에 대한 저자의 따뜻한 시선과 가치관이 독자를 배려하는 따뜻한 문체에 진하게 배어 있어 더더욱 감동과 여운이 남는 책입니다. 죽음에 대한 두려움을 극복하고 행복한 삶을 만들어가는 지혜를 원하는 사람이라면 반드시 읽어야 할 소중한 책입니다.

죽음과 삶의 이중주

김주한_ 한신대학교 신학부 교수

임영창 목사님의『삶이 묻고 죽음이 답하다』의 출간을 크게 기뻐하며 축하합니다. 저자는 오랫동안 죽음학 연구에 몰두해 온 학자입니다. 또한 '바람(Hope)호스피스 지원센터'를 직접 설립하여 지역사회 돌봄 운동을 활발하게 전개하고 있는 현장 활동가입니다. 이 책에서 저자는 이론과 실무를 겸비한 목사요 학자로서 자신의 학문적인 견해와 현장의 경험을 씨줄과 날줄로 엮어 풀어냅니다. 이 책은 죽음과 관련된 고정관념을 해체시키고 죽음에 대하여 말하는 것조차 금기시하던 우리의 생각을 전환하게 만듭니다.

인류사를 뒤돌아볼 때 인간의 죽음과 관련한 논의는 양(¥)의 동서를 막론하고 장구한 역사와 전통을 이어왔습니다. 그리스 철학자 플라톤은『파이돈』에서 "철학자의 전 생애는 죽음을 준비하는 것이다"라고 말할 정도로 그는 인간 존재의 근원과 운명에 관심하였습니다. 플라톤은 인간의 구성 요소, 즉 영과 육은 죽음에서 그 분리가 일어난다고 말합니다. 영혼은 육체와 무관한 독립적인 존재이기 때문에 플라톤에게는 영혼 선재설과 영혼 사후설이 모두 가능합니다. 이후 죽음학 담론은 플라톤의 영육 이원론의 영향으로부터 자유롭지 않습니다.

인류는 18세기 산업혁명, 계몽주의 시대를 거쳐 19세기와 20세기에 눈부신 과학기술의 발전을 이루었습니다. 이제 인간은 과학을 통해 초월과 내재의 모든 현상을 분석하고 파악할 수 있다는 자신감을 갖게 되었습니다. 그 결과 과학적 유물주의는 감각적인 세계만이 전부인 양 죽음 이후의 삶을 쉽게 부정해 버렸습니다. 이러한 시대사조의 영향을 받은 수많은 현대인들은 니힐리즘, 허무주의에 빠졌습니다. 현대 사회는 죽음의 부정, 아니 죽음의 거부 위에 기초해 있다고 해도 과언이 아닙니다. 하지만 죽음은 현대 과학기술의 한계를 명백하게 보여주는 분명한 증거입니다. 의학 기술이 제아무리 발달해도 죽어 가는 생명을 잠깐 연장시켜 줄 수 있을지언정 죽음 이후나 영원한 삶을 보장하지 못합니다.

이 책은 인류사를 통해 전개되어 온 담론을 기반으로 하여 현대의학, 정신분석학, 심리학, 철학, 그리고 신학적인 관점에서 죽음과 관련한 논의를 전개합니다. 저자는 인문학과 자연과학의 관점을 망라하여 죽음이라는 '우울한 주제'를 풀어나갑니다. 그러나 이 책을 읽고 난 후 우리는 죽음이란 주제는 이제 '피하고 싶은 주제'가 아니라 적극적이고 긍정적으로 대면해야 하는 삶의 현실임을 깨닫게 됩니다. 이 깨달음야말로 이 책이 주는 최고의 즐거움이 아닐까 싶습니다.

17세기 프랑스 사상가 블레즈 파스칼은 저 유명한 『팡세』에서 "사람들은 죽음, 불행, 무지의 대상이다. 그러나 그들은 그 치유 방법을 모르기 때문에 그것들을 떠올리는 것조차 거부한다"라고 말합니다. 인간에게 죽음이란 가장 분명하고 확실한 것임에도 불구하고 현대인은 죽음을 멀리하거나 애써 외면합니다. 종교개혁자 마르틴 루터는 "죽음의 소환장은 그 누구도 피할 수 없고 나를 대신하여 죽어 줄 사람도 없기 때문에 인간은 오직 홀로 자신의 죽음과 대면하여 싸워야 한다"고 말합니다. 루터는 죽음과 대면할 때 찾아오는 것은 공포, 두려움, 불안이라고 말합니다. 그렇다면 이러한 공포, 두려움, 불안을 극복할 수 있는 길은 무엇입니까?

이 책은 그 해법을 '죽음 공부'라고 제시합니다. 또한 여태껏 죽음 공부는 '죽음을 준비하는 것' 정도로만 알고 있는 생각의 단편을 여지없이 깨뜨립니다. 저자는 죽음을 미리 생각하고 죽음에 관해 공부하는 것은 단지 죽음 이론을 학습하는 차원을 넘어 현재의 삶을 더욱 풍요롭고 의미 있고 가치 있게 만드는 활력소요, 긍정 에너지의 원천이라고 역설합니다. 말하자면 죽음 공부야말로 죽음을 극복하는 핵심 열쇠인 셈입니다. 저자는 죽음을 묻는 것은 현세의 삶을 묻는 것이요 삶을 묻는 것은 죽음을 생각하는 것, 즉 죽음과 삶은 동전의 양면이라는 사실을 현대 과학과 종교, 심리학 분야에서 제시된 여러 경험적인 사례 및 논의들을 토대로 논증해 나갑니다.

또 하나 주목해 볼 것은 저자가 죽음의 두려움을 극복하는 여러 가지 방법을 소개하고 있다는 점입니다. 이 책은 "죽음을 이야기하기, 죽음에 대해 교육받기, 죽음 이후 세계를 공부하기" 등을 통해 인간은 죽음을 오픈하고 스스럼없이 죽음과 직접 대면할 수 있는 지혜와 용기를 얻을 수 있다고 말합니다. 저자는 죽음 교육을 받았을 때 얻는 교훈과 소득은 "겸손, 탐욕과 집착의 버림, 시간의 소중함, 사랑, 용서, 감사, 기쁨, 나눔, 봉사, 행복, 영성, 신(神)의 가르침"이라고 말하면서 이것들은 죽음이 주는 최고의 지혜라고 강조합니다.

이 책을 읽고 있노라면 질풍노도와 같이 질주하는 기관차처럼 숨 가쁘게 달려온 이 세상에서의 우리 삶의 모습을 진지하게 성찰하고 반성하게 합니다. 그런 점에서 이 책은 단지 죽음학을 소개하는 차원을 넘어 인간 본성의 근원을 바라보며 진리의 길을 찾게 하는 길잡이 역할을 합니다.

이 책의 저자는 교회 현장에서 사역하는 목사요, 신학자입니다. 그렇다고 저자가 기독교 종교이념에 편향되어 죽음에 관한 종교적인 지침을 제시하거나 특정 종교의 관점에서 죽음 교육을 시도하지 않습니다. 또한 죽음 너머의 새로운 생명세계에 대한 희망과 약속을 믿으라거나 강요하지도 않습니다. 그러나 이 책을 읽는 독자라면 인간은 이 세상 삶이 전부가 아니라는 사실을 자연스럽게 깨닫게 됩니다. 저자는 '영혼과 죽음 이후의 세계'에 관하여 가설적인 설명이나 현상학적인 기술을 통해 독자들을 현혹하지 않습니다. 다만 죽음을 생각하고 죽음을 준비하는 사람과 그렇지 않은 사람의 차이는 지금으로선 미미한 것처럼 보이나 훗날 그 괴리와 간극은 좁힐 수 없을 만큼 벌어져 있음을 알게 될 것이라는 점을 은연중 강조합니다.

이 책은 "웰다잉에서 웰리빙"에 이르기까지 현대 문화의 주요 특징을 설명합니다. 저자는 죽음을 섣불리 감상화하거나 낭만화시키지 않습니다. 오히려 그는 죽어 가는 생명의 처절한 고통과 아픔을 고스란히 드러냅니다. 저자는 죽음과 씨름하거나 대결하는 가운데 죽음을 받아들이지 못하는 우리의 실패 지점이 어디인지를 드러내어 줍니다. 이 책은 바로 그 지점을 알게 될 때 인간은 죽음이 주는 공포와 두려움을 치유하게 된다고 주장합니다. 그러므로 저자는 이 세상에서 보람과 의미 있는 삶을 살기 원하는 사람 누구나 '죽음 교육'이 선택이 아니라 필수라고 강조합니다. 이 책은 그야말로 "삶을 원하거든 죽음을 준비하라"(Si vis vitam, para mortem)는 라틴어 격언을 현대인에게 생생하게 풀어줍니다.

이 책에서 독자들은 실사구시적인 효용성을 엿볼 수 있습니다. 저자는 우리 사회에서 긴급히 요청되고 필요한 것이 무엇인지를 직접 운영하는 '바람(Hope) 호스피스 지원센터'의 활동과 사례를 통해 보여줍니다. 이제 죽음교육과 죽음 의식 일깨우기 운동은 우리 사회의 중요한 과제요 분야가 되었습니다. 수많은 자료와 정보를 분석하고 연구하여 한 권의 책으로 집필한 저자의 노고에 감사를 드립니다.

삶이 묻고 죽음이 답하다

죽음이라고 쓰고
삶이라고 읽는다

- 윤영호

프롤로그

1.

　세상의 모든 살아 있는 존재는 그 살아 있음을 유지하기 위해
환경과 싸워야 합니다. 이 싸움은 살아 있는 모든 생명체에게
운명과도 같은 것입니다. 사람도 생명체이기에 치열한 생존 투
쟁을 하는 것은 당연하고도 피할 수 없는 일입니다. 특히 인간
은 환경과 싸우면서 생존에 대한 인식 능력을 성장시켜 왔으며,
그로 인해 생존력의 비약적인 발전을 이루어 수명을 연장하고,
총 개체수를 확장시킬 수 있었습니다.

　그러나 인간은 얄궂게도, 생존의 끝을 아는 지혜 또한 부여 받
았습니다. 살아 있는 모든 것이 언젠가는 죽어 가는 모습을 보
면서, 죽지 않는 것은 이 세상에 없다는 것을 깨닫게 되고, 이것

을 아는 순간, '죽음'이야말로 인간의 '진정한 적(敵)*이라는 것을 깨닫습니다. 인간은 죽음의 속성을 인식할 수 있게 된 이래, 진정한 적(敵)인 죽음을 이기기 위해 끊임없는 노력을 계속해 왔습니다.

인류 역사에는 죽음을 극복하기 위해 애쓴 흔적과 기록이 많이 남아 있습니다. 인류가 어떤 노력들을 해 왔는지, 스티븐 케이브(Stephen Cave)의 책 『불멸에 관하여(IMMORTAL)』에 아주 잘 서술되어 있습니다. 스티븐 케이브는 죽음과 관련된 방대한 자료를 수집해서 분석하면서 인간의 진정한 적(敵)인 죽음과 싸워 이기고자 애쓴 과정을 면밀하게 추적한 후 결론적으로, 인간과 죽음의 싸움이 인류 문명과 과학의 발전을 가져오게 되었다고 이야기합니다. 그뿐만 아니라 이 싸움은 죽음 이후의 세계에 대한 탐구로 나아갔고, 죽음으로 사라질 수밖에 없는 자신을 대신하여 후손들을 세상에 남겨 놓았다고 설명하고 있습니다.

* 스티븐 케이브, 박세연 옮김, 『불멸에 관하여: 죽음을 이기는 4가지 길』(엘도라도, 2015). p. 34. '진정한 적'은 스티븐 케이브의 표현이다.

2.

 인간과 인간의 '진정한 적(敵)'인 죽음과의 오랜 싸움이 인간 사회의 발전을 이루게 했을지는 몰라도, 싸움의 결과만 놓고 보면 인간의 완패로 끝났음은 누구나 알고 있습니다. 지금까지 죽음을 이긴 사람은 단 한명도 없었기 때문이죠. 이를 안타까워하여 인간은 불멸의 신화, 영생의 전설을 구전하였으며, 그래서인지 이를 다룬 문학 작품들도 셀 수 없이 많습니다. 그러나 현실 세계에서 인간이 죽음과의 싸움에서 이겼다는 승전보는 아직 들리지 않고 있습니다. 먹으면 죽지 않는다는 불로초를 찾기 위해 세계 각지에 수많은 사람들을 보냈던 진시황도 결국 죽었습니다. 3,000년을 유지한 고대 이집트 문명의 불멸에 대한 열망도 결국은 헛되고 말았습니다. 과학의 비약적인 발전으로 많은 의약품들이 발명되었지만, 그 어떤 약으로도 죽음을 막을 수 없었습니다.

 이와 같이, 인간은 죽음과의 싸움에서 승리하여 죽지 않는 존재로 거듭나기 위해 오랜 시간과 엄청난 노력을 기울여 왔습니다. 하지만 인류 역사는 인간이란 결국 죽음을 이길 수 없는 존재라는 것을 증명하는 것이었습니다. 다시 말해, 사람은 죽음을 이길 수 없는 존재라는 것, 죽음을 받아들이며 살아가야 하는 존재임을 역사는 우리에게 누누이 이야기하고 있는 것입니다. 그래서 역설적으로 인간은 더욱 죽음과의 싸움에서 이기기를 더 원하고 있는지 모릅니다.

3.

그러나 우리는 다시 한번 질문을 해야 합니다: "인간과 죽음의 싸움은 끝났는가? 이 싸움은 포기해야 하는 싸움인가?"

이러한 질문을 하는 이유는, 인간은 죽음과의 싸움에서 패배하여 죽음이 불러오는 두려움과 근심 걱정에 짓눌려 살다가 인생을 끝내는 존재가 되어서는 안 되기 때문입니다. 그렇게 살다 죽기에는 인간의 삶은 너무 소중합니다. 이 땅에 몸과 영혼을 가지고 태어난 모든 사람은 자기 삶의 의미와 가치를 발견하고 한순간 한순간을 소중하게 살아갈 수 있어야 하며, 감사와 기쁨과 사랑이 충만한 행복한 삶을 누릴 수 있어야 합니다. 그러기에 우리는 "죽음과의 싸움은 끝나지 않았고, 또 절대로 포기할 수 없다"고 선언할 수밖에 없습니다.

하지만 호기롭게 선언을 하기는 쉬워도, 불멸의 존재가 되기 위해 죽음과 싸워 이겨 보려고 애를 쓰던 기존의 방식으로는 이길 수 없음을 우리는 너무나 잘 알고 있습니다. 불로초를 찾아

나서거나 자기 몸을 미이라로 만들어 버리는 헛된 수고에 소중한 시간과 물질을 허비하면서 죽음과 직접 부딪치는 우둔한 방식은 이미 실패한 방식입니다. 인류의 역사가 증명했듯이 죽음과의 직접적인 싸움에서 인간은 항상 실패했습니다. 그렇다면 이제는 죽음과 직접 싸워 이기는 방법이 아니라, 죽음이 주는 부정적인 영향력을 소멸시킴으로써 죽음을 극복하는 새로운 방법을 찾아야 합니다. 그러기 위해서는 죽음을 다른 관점으로 이해할 필요가 있는 것이지요.

모든 사람이 죽는다는 사실 자체를 뒤바꿀 수 없다면, 죽음을 극복하기 위한 새로운 방법을 찾기 위해 죽음의 의미와 그것을 분석하는 관점을 바꿔 보자는 것입니다. 그동안 죽음과의 싸움에서 인간이 서 있던 자리는 '생존의 자리'였습니다. 이 말의 의미는, 인간이 죽음과의 싸움을 하는 동안에 '육신'으로 죽음을 이기는 것만을 생각했다는 뜻입니다. 요컨대 '사느냐 죽느냐'만 생각하고 싸웠습니다. 이러한 '생존의 영속'이라는 방식으로는 죽음을 이길 수 없습니다.

4.

물론, 아직도 영생을 위한 죽음과의 육신적인 싸움이 끝나지 않았다고 주장하는 사람들이 있습니다. 첨단과학, 생명과학 발전에 희망을 거는 사람들입니다. 아직은 아니지만, 이들은 의학기기의 발전과 신약 개발, 또는 컴퓨터 기술 등의 발달로 언젠가 죽음을 이길 수 있을 것이라고 주장합니다. 그리고 지금도 죽음을 이기고자 하는 시도는 계속되고 있습니다. 장래의 일이기는 하겠지만, 이들의 주장대로 인간이 죽음과의 싸움에서 이기는 놀라운 사건이 언젠가(?) 일어날지도 모릅니다.

그러나 설령 그렇게 된다고 할지라도 우리가 간과해서는 안될 것이 있습니다. 개체 생명의 죽음을 극복하고, 영생이 가능해지는 놀라운 일이 일어난다 해도, 그것이 인간의 삶과 죽음의 문제를 근본적으로 해결하는 것은 아니라는 점입니다. 더욱이 그로 인하여 인간 세계에 더 큰 문제가 발생할 여지가 너무도 크다는 것을 간과해서는 안됩니다.

'복제인간'을 소재로 하여 만들어진 〈아일랜드〉라는 영화가 있습니다. 인간의 영생불사를 위해 개인의 유전자를 추출하여 복제인간을 만들어 놓고, 병이 생기거나 노화가 일어났을 때 복제된 인간의 장기나 세포를 떼어내어 이식함으로써, 죽음을 우회적으로 극복하려는 내용을 다루고 있습니다. 과학과 의학이 발전하면, 이러한 복제인간도 만들어 낼 수 있다는 상상을 토대로 가상의 세계, 미래의 어떤 세계를 그린 영화입니다. 과학기술이 발전하여 이러한 일이 일어날 수도 있겠지만, 만약 그러한 일들이 벌어진다 할지라도 그에 따른 또 다른 문제가 인간에게 더 크고 많은 고민거리를 안겨줄 것이라는 점을 제시하고 있습니다. 인간이 죽음과의 싸움에서 육신적으로 이기는 것이 한편으로 축복인 것처럼 보이지만, 결국은 인간에게 엄청난 저주가 된다는 점을 각성시키는 영화입니다. 이런 점에서 이 영화는 인간의 존엄성이 인간의 유한성(죽음)과 떼려야 뗄 수 없는 것임을 암시하고 있습니다.

인간이 육신의 측면에서 불멸의 존재가 된다 할지라도 근본적으로 '인간다운(!) 존재로서 계속 살 수 있는가?' 하는 질문 앞에서는, 또 다른 측면의 고민이 생기게 됩니다. 왜냐하면 인간이 불멸의 존재가 되는 순간, 삶의 의미나 가치, 행복이나 만족은 대부분 사라지게 될 것이 분명해 보이기 때문입니다.

이에 대해서는 다시 논의하겠지만, 인간이 죽음과의 싸움에서 '영원한 생존'을 획득함으로써 불멸의 존재가 된다 할지라도, 그때는 오히려 인간이 죽음을 그리워하게 될 것이라고 학자들은 이야기합니다. 다시 말해, 인간이 죽음과의 싸움에서 이겨 불멸의 존재가 된다 할지라도 이는 죽음과의 싸움에서 완전한 승리를 거두었다고 볼 수 없다는 것입니다. 그러기에, 지금까지 해 왔던 방식으로 죽음과 싸운다는 것은 의미가 없습니다. 새로운 방법을 모색해야 하는 또다른 이유이기도 합니다.

5.

죽음과 싸우는 새로운 방법은 무엇인가? 그것은 죽음을 이기는 것이 아니라 극복하는 데 있습니다. 이 새로운 방법을 찾는 여정을 '죽음은 무엇이고, 인간에게 어떤 의미가 있는가?'라는 질문에서 시작하려고 합니다.

'죽음이란 무엇인가?' 하는 질문에 대한 지금까지의 대답은 대부분 의학적이거나 생물학적인 차원에서 제시되어 왔습니다. 인간을 '생명을 가지고 살아가야 하는 생명체'라 하고, 따라서 '생명체여야만 인간이다'라는 명제를 대전제로 삼고 있습니다. 다시 말해 생명이 끊어지면 그 순간부터 사람이라고 할 수 없다는 생각을 바탕에 깔고 있습니다.

의학계에서는 '생명이 있다, 즉 살아 있다'는 기준이 무엇이냐에 대해 오랫동안 논란을 거듭해 왔습니다. 그리고 그 기준이 조금씩 바뀌어 왔습니다. 특히 사망이 결정되는 시점이 심장이 정지했을 때인가 아니면 뇌사가 일어났을 때인가를 두고 오랫동안 논란을 거듭해 왔습니다. 여기에 더하여 최근에는 실질적으로 회복 불가능한 식물인간 상태가 되면 사망이라고 판정할 것인가 말 것인가 하는 논란도 있습니다.

그러나 의학적, 생물학적 관점으로 인간의 죽음을 설명하고 판정하는 것이 능사가 아니라는 주장도 오래전부터 제기되어 왔습니다. 인간의 죽음은 생물학적인 죽음만이 전부가 아니기에 그 의미를 확장하여 살펴보아야 한다는 관점입니다. 그래서 철학적 또는 종교적 측면에서 죽음이란 무엇인가 하는 질문의 해답을 찾는 노력도 계속되어 왔습니다.

죽음에 대한 이러한 철학적, 종교적인 접근의 밑바닥에는 '육신만 살아 있다고 과연 인간인가?' 하는 질문이 깔려 있습니다. 인간은 다른 동물과 달리, '의미 있고 가치 있는 삶을 살아야만 사람답게 산다'고 인정받는 존재라는 관점이 전제된 질문입니다. 생물학적으로는 살아 있어도, 사는 모습이 사람답지 못해 '짐승만도 못한 사람'으로 평가받는 사람들이 있습니다. 생물학적으로나 존재론적으로는 살아 있지만, 인격적, 윤리적, 도덕적으로 인간이라고 할 수 없는 존재에 대해 '인간으로 살아가고 있다'고 볼 수 없다는 것입니다.

이러한 관점에서 죽음에 대해 논한다면, 생물학적인 관점에서보다 삶의 가치론적이고 의미론적인 관점에서 죽음을 이야기하는 것이 더 바람직하다는 뜻이 됩니다.

이렇게 보면, "죽음이란 무엇인가?"라는 질문은 생물학적인 차원이 아닌, 인간의 삶의 가치와 의미 차원의 질문이어야 하고, 그에 대한 대답 또한 같은 차원에서 찾는 것이 당연하다 하겠습니다. 이렇게 죽음을 극복하는 방법을 찾다 보면, 생물학적 차원에서 죽음을 이기려는 것과는 전혀 다른 새로운 길이 열릴 것입니다.

죽음은 인간의 삶에 부정적인 영향을 주지만 다른 한편으로는 긍정적인 영향을 주기도 합니다. 죽음이 인간의 삶에 끼치는 부정적인 영향으로 대표적인 것은 '두려움'입니다. 죽음이 주는 '두려움'은 인간으로 하여금 삶을 살아가는 데 평생 부정적인 영향을 끼칩니다. 늘 근심과 걱정, 염려를 하게 만듭니다.

그러나 다른 긍정적인 측면도 있습니다. 죽음이 인간에게 의미 있고 가치 있는 삶이 무엇인가에 대한 '지혜'를 주기도 합니다. 죽음이 주는 지혜는 인간으로 하여금 자기 삶을 돌아보게 하고, 인생에서 진정 중요한 것이 무엇인가를 생각하게 함으로써, 그들의 삶을 풍성하게 만듭니다.

6.

인간이 죽음을 극복하는 방법을 찾고자 한다면, 죽음이 인간의 삶에 영향을 주는 두 가지 측면, 즉 두려움과 지혜에 대한 분석을 하는 것은 당연하다 하겠습니다.

죽음을 극복하는 방법을 찾기 위해, 먼저 죽음을 분석하면서 알게 된 죽음의 강력한 무기인 '두려움'에 대해 살펴보고자 합니다. 죽음의 최고 무기인 두려움은 살아 있는 모든 사람들에게 평생 동안 그리고 지속적으로 영향을 끼칩니다. 그러므로 두려움을 극복하는 것이 죽음의 무기를 무기력하게 하고, 죽음을 극복할 수 있는 좋은 대안이 될 수 있을 것입니다.

그리고 난 다음 죽음을 극복하는 방법을 죽음 자체에서 찾아보려 합니다. 죽음은 사람에게 두려움을 주기도 하지만, 한편으로는 가치있고 의미있게 살아가는 삶의 지혜를 주는 이중성을 가지고 있습니다. 죽음으로부터 나오는 삶의 지혜가 아이러니하게도 죽음을 극복할 수 있는 방법을 가르쳐주는 것입니다. 왜냐하면 죽음이 주는 지혜가 사람으로 하여금 오히려 죽음으로 인해 겪게 되는 수많은 고통들을 극복할 수 있도록 도움을 주기 때문입니다.

죽음이 주는 고통을 극복하는 동시에, 죽음으로부터 나오는 지혜를 얻기 위해 죽음의 자리에 있는 사람들과 함께하는 이들의 이야기에서 도움을 받으려 합니다.

죽음의 자리에 선 사람들로부터 얻을 수 있는 지혜는 세 가지입니다.

첫째, 죽음 앞에 선 사람들로부터 얻는 삶의 지혜입니다. 죽음을 앞둔 사람들은 죽음 앞에서 자신의 삶을 돌아봅니다. 삶의 끝자락에서 살아오는 동안 이루지 못해 아쉬웠던 것들, 그리고 부족했던 것들을 언급하면서, 자신들의 경험을 통해 깨달은 삶의 지혜를 남은 사람들에게 들려줍니다.

둘째, 죽음의 순간을 경험한 사람들로부터 얻는 삶의 지혜입니다. 이들에게 삶에서 진정 중요한 것이 무엇이며, 삶 가운데 가장 필요한 것이 무엇인지를 배울 수 있습니다.

셋째, 인류의 역사 속에서 수많은 사람들이 죽음을 보고, 느끼고, 생각하며 쌓아온 삶의 지혜입니다.

죽음을 극복할 수 있는 삶의 지혜가 죽음과 오랜 세월을 보낸 인류의 역사와 문화 속에서 나왔음을 알게 됩니다. 죽음이 주는 지혜는 죽음으로부터 나오지만, 역설적이게도 이 지혜가 죽음을 극복하는 길을 찾는 길잡이가 됩니다. 그 지혜가 가리키는 길을 걸어가면 죽음을 극복할 수 있는 좋은 방법을 얻게 될 것입니다. 죽음으로부터 들려오는 삶의 지혜를 두루 살피고 이를 모으면 모든 인간들이 바라고 원하고 지향하는 삶, 즉 인간이 가치 있고 의미 있는 삶을 살아갈 수 있는 방법을 찾는 것은 물론 죽음을 극복하는 길을 걸을 수 있을 것입니다.

인류의 가장 오래된 감정은
두려움이며,
가장 강력한 두려움은
미지의 것에 대한 두려움이다.

- 하워드 필립스 러브크래프트

제1장

죽음과
두려움

1

✦

죽음의 무기, 두려움

죽음에 대한 두려움

키에르케고르(Søren Aabye Kierkegaard)는 그의 저서 『죽음에 이르는 병』에서 실존적 관점에서 무엇이 가장 가치 있는 삶인지를 묻고, 이 질문의 답을 찾으면 후회하지 않는 삶의 원리를 발견할 수 있다고 했습니다.

키에르케고르는 후회하지 않는 삶의 원리를 찾기 위해 먼저 인간의 '절망'을 상세히 분석합니다. 그리고 절망이야말로 인간을 죽음에 이르게 하는 병이라고 규정합니다. 또한 절망은 인간의 자기소외이며, 최대의 불행이자 비참인 동시에 타락이라고 보았습니다.

이러한 절망으로부터 벗어나는 방법으로 그는 '하나님을 믿는 신앙'을 이야기합니다. 인간을 죽음으로 이끄는 절망이 역설적으로 우리를 신앙으로 인도함으로써, 신앙 가운데 절망을 희망으로 바꾸어 극복할 수 있다는 것입니다.* 죽음에 이르게 하는 병인 절망을 신앙으로 극복할 수 있다고 주장한 것입니다.

그러나 키에르케고르는 절망이 죽음에 이르게 하는 병이고, 이 절망을 신앙으로 극복할 수 있다고 하였지만, 인간이 본질적으로 직면할 수밖에 없는 죽음 자체를 어떻게 대면해야 할 것인지는 언급하지 않습니다.

이 책에서 우리는 죽음 그 자체에 대한 분석을 출발점으로 하여 죽음을 극복하는 방법이 있는지를 살펴보려 합니다. 이를 위해 우리는 죽음의 특성을 먼저 분석할 것입니다.

앞서 이야기했던 대로, "인류의 역사는 '인간이 죽음을 피할 수 없다'는 것을 증명하는 역사"였습니다. 지금까지 역사가 인간에게 확인시켜 준 것은 "인간은 이 세상에 태어난 순간부터, 죽음을 향하여 가는 존재"라는 것이었습니다.

다시말해 사람에게 죽음은 아무리 피하려고 해도 도무지 피할 수 없는 숙명입니다. 그 절대성, 결코 돌이킬 수 없는 일방향

---

* 쇠렌 키르케고르, 임규정 옮김, 『죽음에 이르는 병』(한길사, 2007) 참조.

성과 폭력성, 남겨진 사람과 결단코 소통할 수 없는 미지성 등의 속성으로 말미암아 죽음은 사람들에게 고통과 공포를 안겨줍니다. 무엇보다 죽음은 때와 장소와 절차와 방법, 남녀노소를 가리지 않고 찾아오기에 두렵고 끔찍하게 여기는 것은 당연한 일인지도 모릅니다.

죽음의 가장 대표적인 특성이 '두려움'이라고 죽음학자들은 이야기합니다. 예컨대 줄리아 아산테 박사는 『두려움 없는 죽음, 죽음 이후의 삶』이라는 책에서, 세상에 존재하는 가장 강력한 두 가지의 힘은 '사랑'과 더불어 '죽음에 대한 두려움'이라고 지적합니다.[*]

동서고금을 막론하고 죽음은 자기의 가장 강력한 무기인 '두려움'으로 인간을 끊임없이 공격함으로써, 인간이 살아가는 동안 고통과 괴로움으로 자신의 삶을 온전히 누리지 못하도록 해왔습니다.

특히 '두려움'이라는 죽음의 무기가 가장 위력을 발휘하는 대상은 죽음을 앞두고 있는 사람입니다. 죽음은 죽음을 앞둔 사람에게 감당할 수 없는 두려움에 짓눌리게 합니다. 그래서 아름답

---

[*] 줄리아 아산테, 주순애 옮김, 『두려움 없는 죽음, 죽음 이후의 삶』(이숲, 2015), p. 12.

고 의미 있게 삶을 정리해야 할 인생의 마지막 순간을 공포와 고통 속에서 허비하게 합니다.

문제는, '두려움'이라는 막강한 무기를 가진 죽음이, 죽음을 앞둔 사람에게만 영향을 미치는 것이 아니라는 데 있습니다. '죽음에 대한 두려움'은 생명을 가지고 살아가는 모든 사람에게 평생 동안 그리고 지속적으로 영향을 줍니다. 심리학의 연구에 따르면 사람이 살아가는 동안 근심과 걱정, 염려를 끊임없이 하게 되는데, 그 가장 근본적인 이유는 죽음에 대한 두려움 때문이라고 합니다. 이처럼 죽음에 대한 두려움은 인간으로 하여금 삶의 순간순간마다 근심과 걱정, 불안과 공포를 느끼게 함으로써 삶 전체에 지속적인 영향을 미칩니다.

평생 동안 그리고 삶의 마지막 순간까지도 인간에게 영향을 주는 죽음의 가장 강력한 무기인 '두려움'은 어떤 특성을 가지고 있는지 살펴보겠습니다.

두려움은 어디서 어떻게 오는가

두려움의 본질과 구성요소

'두려움'의 사전적 의미는 '위협이나 위험을 느껴 마음이 불안하고 조심스러운 느낌'이며, 영어사전에서는 두려움(fear)이 '공포와 근심, 걱정과 불안'의 의미로도 쓰인다고 설명하고 있습니다. 물론 공포나 두려움, 불안을 세밀하게 구분하여 조목조목 설명하는 사람*도 있지만, 대체로 보면 두려움이나 공포, 불안이라는 단어가 공통어처럼 쓰이고 있습니다. 그런 점에서, 차미영 박사의 죽음의 두려움에 대한 설명이 설득력이 있어 보입니다.

---

* 구연상, 『공포와 두려움 그리고 불안』(청계, 2002), 참조.

차미영 박사는 "죽음의 두려움이란 '공포와 불안' 두 가지가 복잡하게 얽힌 것이어서 확실하게 정의하는 것은 불가능하다."고 전제하고, "인간은 누구나 마음 깊은 곳에 죽음에 대한 공포와 불안을 품고 있다."고 지적합니다.* 즉, 죽음에 대한 공포와 불안이 혼재되어서 두려움으로 나타나고, 이러한 공포와 불안이 사람이 살아가면서 누구나가 수시로 느끼는 두려움의 근본적인 원인이라는 것입니다.

살아 있는 모든 사람들의 마음속에는 공포와 불안이라는 이름으로 잠재해 있는 죽음에 대한 두려움이 있고, 이 두려움이 사람들의 삶 속에 깊숙이 그리고 다양하게 영향을 미치고 있음을 알 수 있습니다. 이러한 영향은 사람들의 삶의 장면마다 여러 유형으로 모습을 드러냅니다.

그렇다면, 두려움의 본질은 도대체 무엇일까? 이 질문에 대한 해답은 두려움의 유형과 구성요소에 대한 분석을 통해 얻을 수 있습니다.

인간이 살아가는 동안에 경험하는 두려움의 유형은 매우 다양합니다. 대다수 사람들은 기쁨과 즐거움, 삶에 대한 만족과

---

* 차미영, 『죽음의 이해』(상상커뮤니케이션, 2006), pp. 53-54.

행복함을 느끼며 살아가기보다는, 끊임없이 근심과 걱정을 하며 살아갑니다. 이는 우리 주변 사람들을 보면 쉽게 확인할 수 있습니다. 어디서 사는지 그리고 어떤 일을 하는지 상관없이, 인간은 늘 크고 작은 근심과 걱정을 안고 살아갑니다. 그래서 혹자는 '근심과 걱정을 한다는 것 자체가 사람이 살아 있다는 증거다'라고 이야기하기도 합니다.

그런데 사람들이 항상 근심과 걱정을 하는 근본적인 이유를 살펴보면, 인간이 태어나서 죽을 때까지 죽음에 대한 두려움을 가지고 살아간다는 데서 그 단초를 찾을 수 있습니다.* 즉 '죽음에 대한 두려움'은 삶을 살아가는 모든 인간이 근본적으로 가지고 있는 것이며, 이 두려움이 사람에게 다양한 양상의 근심과 걱정, 염려를 하게 만드는 출발점이 된다는 것입니다.

'죽음의 두려움'에 대해 가장 섬세하게 설명한 학자는 셸리 케이건(Shelly Kagan) 교수입니다. 그는 사람들이 죽음을 두려워하는 이유를 네 가지로 설명합니다.

첫째, 죽음의 필연성 - 반드시 죽는다.

둘째, 죽음의 가변성 - 얼마나 살지 모른다.

---

* EBS'데스'제작팀, 『죽음 - EBS 다큐프라임 생사탐구 대기획』(책담, 2014), p. 17.

셋째, 죽음의 예측 불가능성 - 언제 죽을지 모른다.

넷째, 죽음의 편재성 - 어디서 어떻게 죽을지 모른다

계속해서 셸리 케이건 교수는 "특히 '언제 죽을지 모른다'는 죽음의 예측 불가능성 때문에 인간은 기본적으로 죽음을 두려워하며 살아가게 된다."*고 주장합니다. 그런 까닭에 항상 근심과 걱정에 얽매여 살아가다가 인생을 마무리하는 죽음을 맞이하게 될 때, 그 두려움이 최고조에 이르게 된다고 합니다.

그의 주장에 따르면, 사람은 살아가는 동안 죽음의 두려움으로부터 절대 자유로울 수 없고, 죽음의 순간까지도 그것에서 벗어나지 못하는 존재임이 분명합니다. 그러므로 인간이 의미 있고 가치 있는 삶을 살아가는 데 가장 큰 과제는 '죽음에 대한 두려움이라는 문제를 어떻게 해결할 것인가?' 하는 것에 있다 하겠습니다.

이 문제를 해결하기 위해서는, 두려움의 구성요소를 분석하는 방법으로 그 본질을 파악해야 합니다.

앞서 얘기했듯이 사람들이 살아가면서 느끼는 두려움은 다양한 유형으로 나타납니다. 이렇게 다양한 유형의 두려움은 '무엇

* *Ibid.*, p. 18.

으로 이루어져 있는가? 하는 의문을 갖게 됩니다. 즉, 두려움을 구성하는 기본 요소가 무엇인지를 밝히는 것이 핵심입니다. 이에 대해 죽음의 기본적인 구성요소를 파악한 선행연구의 도움을 받아 그 답을 찾아보고자 합니다.

두려움의 구성요소는 무엇일까요? 이와 관련한 연구를 진행한 미국의 심리학 전문 잡지《사이칼러지 투데이(Psychology Today)》의 발표에 의하면, 사람들이 느끼는 두려움의 유형은 다양하지만 기본적인 다섯 가지 요소로 이루어져 있다고 합니다.*

첫째, 소멸(Extinction)의 공포입니다. 자신의 존재가 영원히 사라지는 것에 대한 두려움입니다. 이는 '죽음 자체에 대한 공포'보다 더 근본적인 것이라고 할 수 있습니다. 모든 인간이 가진 존재의 한계에 대한 불안이 이 두려움과 밀접하게 관련되어 있는 것입니다. 높은 장소에서 바닥을 내려볼 때 느끼는 공포도 여기에서 비롯되는 것입니다.

둘째, 절단(Mutilation)의 공포입니다. 이는 신체의 일부분을 잃게 되는 것을 염려하는 데서 오는 두려움입니다. 인체의 내부 기관이나 특정 부분, 그리고 그 부분들의 본래 기능을 상실하게

---

* https://newspeppermint.com/2014/10/22/mfear-2/

되는 데서 오는 두려움입니다. 곤충, 거미, 뱀 또는 다른 이질적인 것들에 대해 느끼는 두려움도 이 절단의 두려움과 관련이 있습니다.

셋째, 자유의 상실(Loss of Autonomy)의 공포입니다. 움직일 수 없게 되거나, 특히 사지의 신체적 기능이 마비되거나 제한되는 경우, 밀실에 갇히거나 덫에 걸리는 경우, 땅속에 파묻히는 경우 등 불가항력에 의해 자신을 제어할 수 없게 되는 것에 대한 두려움입니다. 물리적인 차원에서 흔히 '폐소공포증'(폐쇄공포증, 공황장애 Claustrophobia)으로 알려져 있으며 사회적 관계에서도 이런 경험을 하기도 합니다.

넷째, 분리(Seperation)의 공포입니다. 버려지고, 거부되고, 관계를 잃어버리는 데 대한 두려움입니다. 또 다른 이에게 갈망의 대상으로, 존중의 대상으로, 가치 있는 존재로 남을 수 없게 될지도 모른다는 데서 오는 두려움도 여기에 속합니다. 집단으로부터 주어지는 '침묵의 벌(Silent Treatment)'이 개인에게는 심각한 심리적 부담이 되는 이유이기도 합니다.

다섯째, 자아의 죽음(Death of Ego)이라는 공포입니다. 창피함, 수치심 등은 스스로를 부인하게 만들며 자아를 위협합니다. 그러한 자기부정에 대한 느낌이 공포로 다가옵니다. 자아가 파괴되어 더 이상 다른 사람으로부터 호감을 사거나 인정받고 존경

받을 수 없게 될지도 모른다는 두려움이 여기에 속합니다.

《사이칼러지 투데이》는 위의 다섯 가지가 두려움의 기본 요소이며, 사람들이 삶에서 경험하는 여러 유형의 두려움은 이 기본요소의 조합이라고 이야기합니다. 즉 인간이 느끼는 모든 두려움은 이 다섯 가지 기본 요소가 서로 결합하면서 나타난다는 것입니다.

이 다섯 가지 기본 요소는 나름의 위계구조가 있는데, 가장 아래에 있는 소멸의 공포에서부터 최상층부의 자아의 죽음에 이르기까지 피라미드 형태를 띱니다. 이를 통해 물질적 차원에서 정신적 차원에 이르는 범주에서 사람들이 느끼는 여러 두려움을 설명할 수 있습니다. 그림으로 나타내면 다음과 같습니다.[*]

*   Ibid..

《사이칼러지 투데이》의 설명에 따르면, '고소공포증'은 기본적으로 소멸에 대한 두려움 유형에, '실패를 두려워하는 것'은 자아의 죽음에 대한 두려움 유형에 속합니다. '사람들 앞에서 말하는 것을 두려워하는 것' 역시 자아의 죽음에 대한 두려움에 속합니다. '누군가와 가까워지거나 결혼을 두려워하는 것'은 자유의 상실에 대한 두려움에 속합니다. '질투'는 분리의 두려움과 자아 소멸의 두려움에 바탕을 두고 있습니다. '그녀는 나보다 그 사람을 더 가치 있게 여기는 것 같아'라는 감정은 그녀가 나로부터 분리되어 그 사람에게 향할 것이라는 두려움에서 시작하여, 질투가 극단에 이르면 나 대신 그녀와 그 사람만 남게 되는 자아의 죽음이라는 두려움을 느끼게 되는 것입니다. '부러움'도 같은 방식으로 작동하여 두려움을 느끼게 하며, '부끄러움과 죄책감' 역시 분리와 자아의 죽음에 대한 두려움에 뿌리를 내리고 있습니다. 또한, 두려움은 종종 분노의 원인이 되기도 합니다. 이는 억압받는 이가 억압하는 이에게 화를 내는 이유가 자유의 상실 내지는 자아의 죽음에 대한 공포 때문이라고 설명할 수 있습니다.

또 다른 공포의 모습도 있습니다. '두려움에 대한 두려움'으로, 이는 또 다른 공포의 모습 중 하나입니다. 어색할 것 같은 모임에 초대받았을 때 그 모임 참석을 회피하고, 의사와의 약속을 이유 없이 연기하며, 직장에서 연봉을 올려달라는 말을 좀처럼 꺼내지 못하는 경우가 이에 해당합니다. 이는 과거 두려웠던 기억 때문에 생기는 본능적 반응이기도 하지만, 순간적으로 일어나기 때문에 우리는 이런 행동에서는 당사자는 두려움을 거의 느끼지 못할 수 있습니다. 하지만, 삶 속에서 순간적으로 느끼는 두려움은 대부분 '회피'하는 반응으로 나타납니다.

《사이칼러지 투데이》가 제시한 두려움의 다섯 가지의 기본 요소에 대한 분석을 통해 우리는 두려움이라는 의문에 대한 해답을 찾을 수 있습니다.

사람에게 나타나는 다양한 두려움의 현상들 중 가장 기본이 되는 것은 소멸의 공포, 즉 육체의 죽음에 대한 공포이며, 이것은 자기 자신의 존재가 없어지는 것에 대한 공포입니다. 소멸의 공포, 즉 자기 존재가 없어지는 것에 대한 두려움은 사람이라면 누구나 가지는 것으로 이것이 두려움의 근본이자 출발점이라는 것을 알 수 있습니다.

이처럼 두려움은 인간의 삶 가운데서 다양한 모습으로 나타나 막강한 영향력을 행사합니다. 극한의 두려움은 인간의 육체와 정신을 파괴하는 것은 물론 인간다운 삶의 의지를 빼앗아가고, 심지어는 인간의 존엄성조차 잃게 만드는 파괴력을 발휘합니다.

대표적인 것이 두려움에서 비롯된 각종 질병들입니다. 정신과 의사인 한스 모르쉬츠키(Hans Morschitzky)는 『두려움의 열 가지 얼굴』*이라는 책에서, 두려움으로부터 발생하는 불안에 대해 설명하고 있습니다. 그는 "사람에게는 불안이 있는데 건강한 불안이 있는가 하면 반대로 병적인 불안이 있다"고 분석합니다. 여기에서 문제가 되는 것은 병적인 불안입니다. 이 병적인 불안을 일으키는 주범이 두려움인 것입니다.

그뿐만이 아닙니다. 죽음이 야기하는 두려움은 사람들의 의식 속에 잠재되어 있어서 죽음에 관련된 이야기를 하는 것조차 불편하게 만듭니다.

그 예를 한번 들어보겠습니다.

저의 친구 한 명이 심한 천식으로 고생을 하게 되었습니다. 치료를 받기 위해 병원을 찾았고, 의사는 이 친구에게 될 수 있는 대로 공기가 좋은 곳에서 운동하기를 권했습니다. 의사의 권유를 듣고 온 친구가 저에게 가까운 곳에 공기가 좋고 운동하기

---

* 한스 모르쉬츠키, 지그리트 자토어 공저, 김현정 역, 『두려움의 열 가지 얼굴』(애플북스, 2012) 참조. 열 가지 불안은 ①공황장애 ②광장공포증 ③특정공포증 ④사회공포증 ⑤범불안장애 ⑥외상후스트레스장애 ⑦강박장애 ⑧건강염려증 ⑨기질성불안장애 ⑩물질유도성불안장애 등이다. 이러한 불안이나 두려움은 결코 우리에게서 멀리 있는 것이 아니기에, 그 불안을 극복하기 위해서는 불안과 직면하기를 권하고 있다.

좋은 곳이 어디 있는지를 물었습니다. 저는 친구의 건강이 빨리 좋아졌으면 하는 마음에, 가깝고 좋은 산책로를 소개해 주었습니다. 그곳은 나무가 많아 공기가 좋고 무리하지 않고 운동할 수 있는 길이라 추천한 것입니다. 그러면서 제가 이렇게 덧붙였습니다.

"암수술 받으신 분들이 몸을 회복하기 위해 많이 찾는 곳인데, 거기는 천천히 걷기에 아주 좋아."

그런데 공기 좋고 운동하기 적당한 곳이라는 말에 반가워하던 친구가 암수술을 받고 건강을 회복하는 분들에 대한 이야기를 꺼내자 순간 안색이 싹 바뀌었습니다. 그리고 이렇게 말했습니다.

"암수술 받은 사람들이 다니는 곳이라면 좀 그러네."

암 환자들이 아무래도 건강한 사람보다 일찍 죽을 확률이 많은데, 그런 사람들이 다니는 곳은 싫다는 이야기였습니다. 암 환자하고 자기의 천식하고 무슨 상관이 있겠습니까? 그런데도 사람들은 조금이라도 죽음과 관련이 된다면, 그 어떤 이야기도, 그 어떤 장소도 불쾌해하며 싫어합니다. 이것이 보통 사람의 평범한 심리이고, 죽음에 대한 두려움을 항상 가지고 살기 때문에 나타나는 현상입니다.

죽음과 연관되어 있거나 죽음을 떠올리게 하는 것이라면 그 무엇이라도 피하고 싶어 합니다. 우리나라에 국한된 현상이기는 하지만 장례 행렬이나 장의차가 마을 앞으로 지나가는 것조차 반대하는 현상 역시 죽음에 대한 두려움의 반작용이라고 할 수 있습니다.

소멸의 공포, 곧 죽음의 공포는 이처럼 인간의 삶 속에서 여러 현상으로 나타납니다. 인간이 느끼는 가장 근본적인 두려움의 원인을 살펴보면 죽음이 똬리를 틀고 있음을 확인할 수 있습니다. 그래서 죽음을 언급하는 것 자체를 피하고 싶어 합니다. 또한 죽음에 대한 이야기를 할 때는 자신도 모르게 두려움을 느끼게 됩니다. 인간은 언젠가 죽음을 맞이하게 되는 존재이기에 그 마음속에는 의식적으로나 무의식적으로 죽음에 대한 두려움이 있는 것입니다.

두려움이 사회에 끼친 영향

사람들의 삶에 지속적으로 영향을 미치는 두려움은 그 사람들이 구성하는 사회에도 필연적으로 등장합니다.

두려움이 사회의 발전에 긍정적인 영향을 주는 측면도 있습니다. 인류 문화 발전의 원동력에 대해 연구한 로버트 마우어(Robert Maurer)는 『두려움의 재발견』이라는 책에서, 두려움을 오히려 '인간에게 주는 선물'이라고 표현했습니다.[*] 예를 들면, 폭풍우와 추위에 대한 두려움이 안전한 주택에 대한 갈망을 일으켰고, 어두움의 공포는 전기를 발견하게 했으며, 고통과 죽음에 대한 두려움은 의학의 발전을 가져왔다는 것입니다.

반면에 두려움은 인간의 삶과 문명을 파괴하는 부정적인 측면도 있습니다. 정치적으로 권력에 대한 두려움은 독재자를 만듭니다. 국제적으로 다른 민족, 다른 국가와의 경쟁 속에서 살아남는 문제에 대한 두려움은 민족이나 나라의 생존을 위한다는 구실을 내세운 전쟁을 일으키게도 합니다. 사회적으로 일어나는 온갖 폭력의 이면에도 두려움이 도사리고 있습니다.

그뿐만 아니라 두려움은 수많은 질병의 원인이 되기도 합니다. 두려움 자체가 사람으로 하여금 불안과 무기력함, 불신을 불러일으키고 그것이 온갖 질환을 야기합니다. 의학적으로 '신경성'으로 불리는 병들의 상당수는 두려움이 직접적인 원인이 됩니다.

또한 두려움은 경제적 이익을 창출하는 데 이용되기도 합니다. 사람은 누구나 두려움 속에서 살아간다는 점에 착안하여,

---

[*] 로버드 마우어, 원은주 옮김, 『두려움의 재발견』(경향BP, 2016).

그것을 더욱 섬세하고 창조적으로 가공하고 멋지게 포장해서 광고와 마케팅 분야에 이용함으로써 경제적 이익을 거두는 것입니다.* 두려움을 마케팅에 적극적으로 활용하는 대표적인 업종이 보험업과 제약업입니다. 이 업종들은 사람의 두려움을 지속적으로 자극하고, 교묘한 방법으로 압박하면서 경제적 이익을 얻습니다.

이와 같이 두려움은 사회적으로 보았을 때 한편으로는 긍정적인 효과를 가져오지만, 다른 한편으로는 부정적인 효과를 불러일으키면서 인간의 삶에 지속적으로 영향을 미칩니다.

두려움은 인간 개개인뿐 아니라 사회적으로도 다양한 방식으로 존재감을 과시해 왔습니다. 이러한 현상은 현재도 그러하고, 앞으로도 인류가 존재하는 한 지속될 것입니다. 그러므로 이 문제를 좀 더 깊이 들여다보고, 두려움과 더불어 살아가되 그것을 넘어서는 지혜를 모색할 필요가 있어 보입니다.

---

* 마틴 린드스트롬, 박세연 옮김, 『누가 내 지갑을 조종하는가』(웅진지식하우스, 2012) 참조.

3

✦

죽음을 앞둔 사람들의 두려움

죽음은 어떻게 두려움을 전파하는가

지금까지 두려움이 사람의 삶 전체에 어떤 방식으로 영향을 미치는지 살펴보았습니다. 두려움은 때로 직접적으로 때로는 간접적으로 사람들에게 영향을 미치다가 어느 순간 가장 강력한 힘을 폭발할 때가 있습니다. 바로 죽음을 앞두고 있을 때입니다.

저널리스트인 버지니아 모리스(Virginia Morris)는 『죽음에 대해 떠든다고 죽진 않는다(Talking About Death Won't Kill You)』에서 사람들이 두려워하는 점을 다양하게 소개합니다. 그에 따르면 사람들이 죽음을 두려워하는 이유는 다양합니다.

그것을 구체적으로 살펴보면, 인간은 누구나 신체가 훼손되는 것을 두려워합니다. 어떤 이는 자신이 죽어 갈 때 아무도 알아주지 않거나 혹은 가족에게 버림받을까 봐 두려워합니다. 추한 모습으로 죽을까 봐 두려워하는 경우도 많습니다. 어떤 이는 천국이 없을까 봐, 그리고 천국이 있어도 들어가지 못할까 봐 두려워합니다. 기력이 쇠하여 가족에게 의존하며 사는 것이 짐이 될까 봐, 또는 미움을 사게 될까 봐 걱정합니다. 하던 일을 마무리 짓지 못하고 떠날까 봐 두려워하기도 합니다. 자다가 죽을까 봐 두려워하는가 하면, 자기 죽음을 생생하게 느끼는 것도 두려워합니다. 자신이 죽은 후에 영영 잊히는 것을 두려워하기도 하고, 어떤 사람은 아플까 봐 두려워하기도 합니다. 심지어 죽어서 관에 안치된 상태에서 눈을 뜨게 될까 봐 걱정하는 사람도 있습니다.[*]

이렇듯 많은 사람이 죽음과 관련한 저마다의 두려움 속에서 살아갑니다. 언제 닥칠지 모를 죽음 때문에, 의식적으로 또는 무의식적으로 늘 신경이 곤두서 있는 상태로 하루하루를 살아가는 겁니다. 그러다가 죽음의 날을 실제로 선고받게 되면 두려움은 걷잡을 수 없이 커지게 됩니다.

---

[*] 샐리 티스데일, 박미경 옮김, 『인생의 마지막 순간에서』(로크미디어, 2019) pp. 43-44에서 재인용.

57
제1장 죽음과 두려움

죽음을 앞둔 사람에게 다른 어떤 것보다 큰 적(敵)은 '두려움'이라고 죽음학자들은 이야기합니다. 죽음이 눈앞으로 다가왔을 때 두려움이 더욱 큰 위세를 떨치는 이유는 죽음 자체에 대한 두려움은 물론이고 죽음의 과정에 대한 두려움이 복합적으로 작용한다는 사실을 알 수 있습니다.

일본에는 '꼴깍사'라는 절이 있다고 합니다. 이 절의 이름을 '꼴깍사'라고 지은 것은 이 절에서 정성껏 빌면, 잠 자다가 '꼴깍' 하고 죽을 수 있기 때문이라고 합니다.* 이런 이야기에서도 죽음이 주는 두려움과 죽음에 이르는 과정에서 겪게 될 두려움을 피하고 싶어 하는 사람들의 바람을 느낄 수 있습니다.

이 즈음에서 우리는 다음과 같은 질문에 직면합니다:

1. 왜 죽음을 앞둔 사람에게 두려움이 더 강력하게 작용하는가?
2. 죽음을 앞둔 사람에게 두려움은 어떤 양상으로 나타나는가?
3. 일상에서 느끼는 두려움과 죽음을 앞둔 사람이 겪는 두려움은 어떤 차이가 있는가?

---

* 최준식, 『너무 늦기 전에 들어야 할 죽음학 강의 - 행복하게 살기 위해 꼭 필요한 공부』(김영사, 2014), p. 14.

이러한 질문에 대해 죽음학자 알폰스 데켄(Alfons Deeken)은 적절한 대답을 내놓았습니다. 그는 『죽음을 어떻게 맞이할 것인가』라는 책을 통해 죽음을 눈앞에 둔 사람들이 겪는 두려움의 종류와 그 내용을 일곱 가지로 나누어 설명하고 있습니다.*

첫째, 고통에 대한 두려움입니다. 죽음을 앞두고 곧 죽게 된다는 자각, 사랑하는 사람들과 영원히 이별해야 한다는 사실이 야기하는 고통, 사회로부터 소외되어야 한다는 데서 오는 심리적 고통, 사랑과 죽음 등 인생의 근원적 질문을 불러일으키는 영적인 고통, 통증으로 인한 육체적 고통 등이 그것입니다.

둘째, 고독감에 대한 두려움입니다. 결국은 홀로 죽음을 맞이하고, 남겨진 모든 사람과 세상의 모든 것으로부터 추방되는 것과 같은 두려움은 거의 모든 사람들이 심리적으로 동감하는 두려움입니다.

셋째, 가족과 지인, 그리고 사회에 부담이 끼치는 것에 대한 두려움입니다. 특히 다른 사람에게 폐를 끼치지 않는 것이 미덕이라 생각하는 사람들과 고령자들에게는 가족에게 부담이 될 것이라는 두려움이 매우 크고, 이것이 자살의 주요한 원인이 되

---

* 앞의 『죽음-EBS 다큐프라임 생사탐구 대기획』 pp. 260-262에서 발췌하고 필자의 소견을 덧붙임.

기도 합니다. 자신이 성가신 존재가 될 것이라는, 그리하여 미움을 사게 될 것이라는 두려움입니다.

넷째, 미지의 세계, 미지의 상황을 직면하는 두려움입니다. 지금까지 사후 세계를 체험하고 이를 공식적으로 알려 준 사람은 아무도 없습니다. 죽어 가는 과정은 전혀 알 수 없는 범주로 홀로 여행하는 일과 같습니다. 죽음 자체보다 죽기까지의 과정, 그리고 그 이후의 실상을 알 수 없다는 것이 더 두렵다고 말하는 사람들이 있습니다.

다섯째, 인생을 불완전한 상태로 마칠 것에 대한 두려움입니다. 일생 동안 해 오던 일을 완성시키지 못한 채 죽음을 맞아야 하는 경우, 죽음이 자신의 생의 완성을 가로막는 장벽이라고 느끼게 됩니다. 이는 회한과 함께 미완성이 가져올 후폭풍에 대한 두려움으로 전이되게 마련입니다.

여섯째, 자기 소멸에 대한 두려움입니다. 죽음으로써 자기 존재가 완전히 소멸해 버릴 것에 대한 불안은 인간, 나아가 모든 생명체의 가장 원초적인 보존 본능에서 기인하는 자연스러운 반응이며, 그만큼 그로 말미암은 두려움은 근원적인 것입니다.

일곱째, 사후의 심판과 벌에 대한 두려움입니다. 사후에 심판이 뒤따르고 선악에 따른 과보가 있다는 종교적인 가르침 또는 막연한 상상 때문에 죽은 뒤 심판과 처벌을 받을 것을 두려워하는 것입니다.

여기에 차미영은 그녀의 책 『죽음의 이해』에서, 알폰스 데켄 교수가 이야기하는 일곱 가지 외에 한 가지가 더 있다고 합니다. 그것은 '불쾌한 경험에 대한 두려움'으로, '죽어 가는 과정에서 자신의 부정적인 이미지를 가족이나 친구들에게 보여주어야 하는 것에 대한 두려움'을 언급했습니다.[*]

이러한 죽음학자들의 연구를 통해 우리가 알게 되는 것은, 죽음을 앞둔 사람들이 직면하는 두려움에는 여러 유형이 복합적으로 중첩되거나 결합되어 있다는 것입니다.

이것을 다시 유형별로 나누면 크게 세 가지로 분류할 수 있습니다.

첫 번째는 죽음 자체에 대한 두려움이고, 두 번째는 죽어 가는 과정에서 일어나는 다양한 상황에 대한 두려움이며, 세 번째는 죽음 이후의 상황에 대한 두려움입니다.[**]

죽음 자체에 대한 두려움

사람은 평생 동안 자기 존재의 소멸, 즉 죽음에 대한 두려움을

---

[*]   앞의 『죽음의 이해』 p. 50.
[**] *Ibid.*, pp. 48-53.

안고 살아갑니다. 이것이 사람이 살아가는 동안 겪는 온갖 근심 걱정의 원인이 되는 거지요. 그러다 죽음을 맞이하여 자기 존재가 이 세상에서 사라지게 된다는 것을 깨닫는 순간 '자기소멸'에 대한 두려움에 압도 당합니다. 죽어 가는 과정에서 매순간 여러 감정들이 명멸(明滅)하며 두려움을 증폭시킵니다.

자기보다 앞서 죽어 간 사람들을 지켜보아 익히 알고 있었지만, 존재의 소멸이 자신의 문제가 되었을 때 커지는 또 하나의 두려움이 있습니다. 그것은 자신이 평생 애써 온 일 가운데 이루지 못한 것과 하고 싶었던 일들을 하지 못하게 된 것에 대한 후회와 두려움입니다. 이는 어린 자녀를 둔 경우도 포함됩니다. 다시 말하면 자신의 인생을 제대로 마무리하지 못하고 불완전하게 끝맺게 된 데서 느끼는 두려움입니다.

죽음 과정에서 느끼는 두려움

죽음이 진행되는 과정에서 대면하는 두려움도 있습니다. 그 중 가장 큰 것은 혼자서 외롭게 죽음을 맞이하게 될지도 모른다는 두려움입니다. 최준식 교수는 이를 '외로움에 대한 공포'라고 하면서, 사람들은 죽음을 목전에 둔 상황에서 극심한 외로움을 느낀다*고 증언하고 있습니다.

죽음을 앞두고 외로움의 공포가 왜 생기는지에 대한 연구가 있었습니다. 죽음학자 랍 몰에 따르면 현대인은 의학의 비약적인 발전으로 과거보다 죽음의 과정이 더 길어짐에 따라 대다수 노인이 시한부 진단을 받고 3년 정도 후에나 사망합니다.** 또한 치명적인 질병에 걸리지 않았으나 거동이 거의 불가능한 경우에도 연명하는 기간이 충분히(?) 길어졌습니다. 따라서 대부분의 현대인은 말년에 다른 사람의 도움을 받으며 일상생활을 할 수밖에 없습니다. 이처럼 죽음의 과정이 길어지면서 그 시기에 인간의 존엄성을 지키는 것은 참으로 어려운 일이 되었으며, 그에 따라 더욱 두려움을 느끼게 된다는 것입니다.

랍 몰(Rob Moll)은 『죽음을 배우다』에서 "죽음을 앞둔 사람은 대개 죽음 자체보다 죽음이 진행되는 과정을 더 두려워한다."***고 말합니다. 즉 가족으로 또는 친구로서 오랫동안 관계를 맺고 살아온 사람들과 서서히 멀어지면서 죽음이 진행되는 시간을 결국은 혼자서 겪어야 한다는 사실을 두려워한다는 것입니다.

---

* 최준식, 『죽음학 개론』(모시는사람들, 2013), p. 27.
** 랍 몰, 이지혜 옮김, 『죽음을 배우다』(IVP, 2014), p. 41.
*** Ibid., p. 48.

이 문제를 해결할 방법은, 죽음을 앞둔 사람과 '함께하는 것'입니다. 옆에서 이야기를 들려주고, 노래를 불러주고, 종교 서적을 읽어 주며, 기도해 주는 것이 하나의 방법일 수 있습니다. 무엇보다 가족들이 항상 함께하는 것이 죽음의 두려움을 극복하는 데 큰 도움이 됩니다.

하지만 현실적으로는 이렇게 하기가 쉽지 않습니다. 왜냐하면 현대는 죽음을 앞둔 사람이 가족과 함께한다는 것이 거의 불가능하기 때문입니다. 우리나라의 경우 1990년대까지만 해도 집에서 임종을 맞이하는 비율이 80% 이상이었습니다. 병원에서 죽음을 맞는 것을 객사라 여길 정도로 삶의 마지막을 집에서 가족들과 함께 해야 한다는 인식이 강했습니다. 그런데 2000년대를 넘어서서 2020년 현재 대한민국 국민 4명 중 3명은 병원에서 삶을 마감하고 있습니다. 서울대병원 허대석 교수는 그 이유를 "가족 구성이 핵가족화되었을 뿐 아니라, 거주 형태가 주택에서 아파트로 바뀌면서 집에서 간병하기가 어려워졌기 때문"[*]이라고 설명하고 있습니다. 최근의 경제적, 사회적 변화 때문에 임종의 자리가 가정에서 병원으로 옮겨졌습니다. 더욱이 노환

---

[*] KBS파노라마 〈우리는 어떻게 죽는가〉, (서울대학교병원 중앙내과 허대석 교수).

의 경우에도 입원하여 치료를 받거나 죽음 직전까지 연명 치료를 하다가 사망에 이르는 경우가 많으므로 당연히 병원에서 죽음을 맞이하는 비율이 절대적으로 높을 수밖에 없습니다.

이러한 변화는 우리 시야에서 죽음을 서서히 사라지게 만들었습니다. 그뿐만 아니라 사람들이 죽음에 대해 생각할 시간과 장소 또한 사라지게 하였습니다. 그래서 죽음과 관련한 일로 경제적 이익을 얻는 사람들 외에는 죽음에 무관심하거나 회피하는 사회로의 이행이 일어난 것입니다.

그런데 이런 사회적 변화가 죽음을 앞둔 사람들에게는 또 다른 두려움을 갖게 만듭니다. 바로 '외로움의 공포'입니다. 이러한 현상에 대해 랍 몰은 "지난 세기, 죽음은 우리 시야에서 서서히 사라졌다. 20세기에 이르러 사람들이 죽는 장소가 가정에서 병원으로 옮겨졌다."*고 지적합니다.

대부분의 현대인들은 병원에서 죽음을 맞이하고, 보통의 사람들은 중증환자를 직접 대면하는 일도 드물게 되었습니다. 이러한 사회적 변화로 인해 죽음과 관련된 또 다른 문제점이 나타나기 시작했습니다. 죽음을 앞둔 사람은 물론 그 가족까지도 죽

---

* 앞의 『죽음을 배우다』, p. 22.

음과 관련된 정신적, 물질적 준비에 대해 아는 것이 없게 된 것입니다. 그에 따라 "죽음이 삶의 한 과정이 아니라, 일상에서 격리된 채 일어나는 하나의 불행한 사건으로 생각하게 되었다."[*] 라고 죽음학자들은 지적하고 있습니다.

죽음의 풍경이 사회에서 점점 사라지게 된 것을 두고, 모리스는 죽음 문화의 상실로 설명하고 있습니다: "죽음을 준비하게 했던 질병과 죽음에 대한 경험, 그리고 죽음의 문화와 철학, 그뿐 아니라 슬픔과 애도, 이러한 것들이 우리의 삶에서 사실상 사라져 버렸다." 그래서 현대인들은 죽음과 적당한 거리를 유지하며 살기를 바라게 되었다는 것입니다. 사회에서 죽음에 관련된 모든 것들이 사라지는 현상에 대해 역사가 필립 아리에스는 "사회가 죽어 가는 사람들의 존재를 견디지 못해 그들을 시야에서 몰아냈다"[**]고 설명하기도 했습니다.

학자들의 지적대로 죽음은 사회와 점점 격리되다가, 이제는 거의 완벽하게 차단된 상태입니다. 이러한 사회적 변화 속에서 죽음을 앞둔 사람들은 더욱 외로워지고 두려움을 느끼게 되었습니다. 가족과 일가친척, 그리고 친구들과 멀어져 나 홀로 죽

[*] 한국죽음학회, 『한국인의 웰다잉 가이드라인』(대화문화아카데미, 2011), p. 12.
[**] 앞의 『죽음을 배우다』, p. 23.

음을 맞이하는 것이 기정사실화됨으로써 죽음을 앞둔 사람들은 외로움에 대한 두려움을 가질 수밖에 없게 된 것입니다. 죽음의 과정에서 대면하는 두려움을 김균진 교수는 '사회적 죽음에 대한 공포'라고 명명하고 "사회적 죽음의 현실에 대한 공포가 신체적 죽음에 대한 공포보다 훨씬 더 크다"*고 진단합니다.

죽음의 과정에서 직면하는 또 다른 두려움이 있습니다. '가족들에게 부담이 되고 부정적인 이미지를 남기지 않을까' 하는 것입니다. 대부분의 사람들은 죽고 난 후에도 가족이나 자신과 관계를 맺은 모든 이에게 사랑받고 존경받는 사람으로 기억되기를 원합니다.

죽음 이후에 대한 두려움

죽음을 앞둔 사람들이 직면하는 두려움의 마지막 유형은 죽음 이후에 대한 두려움입니다. 누구나 죽는다는 사실을 인지하고 있기에 죽음을 앞둔 사람들도 이를 받아들이려고 노력은 합니다. 하지만 막상 죽음을 선고 받으면, '죽음 이후의 세계'에 대해 아는 것이 없다는 사실을 새삼스럽게 떠올리며 두려움에 휩싸입

---

* 앞의 『죽음과 부활의 신학: 죽음 너머 영원한 생명을 희망하며』, p. 58.

니다. 그리고 이 두려움은 죽음 과정 내내 당사자를 고통스럽게
합니다.

이렇게 죽음 이후를 두려워하는 가장 큰 이유는 무엇일까요?
'죽으면 모든 것이 끝'이라고 생각하기 때문입니다. 그래서 어
떻게 해서든 이승에 살아 있기를 원합니다. 인생이 끝나는 것이
두렵기 때문입니다. 죽음을 애써 외면하고 부정하면서 삶에 대
한 강한 집착을 보입니다. 최신의 약이나 수술 또는 온갖 민간
요법까지 동원하여 삶을 연장하려고 합니다. 생명을 연장시킬
수 있다면 무엇이든지, 어떤 방법이든지, 얼마를 들여서라도 시
도를 하는 것입니다.

최준식 교수는 특히 한국인들이 마지막 순간까지 삶에 집착
하는 모습을 두고 "한국인에게는 죽음 뒤의 생에 대한 믿음이
없는 것과 관계되어 있다"*고 진단합니다. 즉 죽음 뒤의 삶에 대
한 확신이 없으니 그저 이 세상에 머물러 있고 싶어 한다는 것
입니다. 하지만 이 땅에서의 삶에 대한 집착 때문에 마지막까지
고통스러운 치료를 받으며 생명을 연장하는 것은 좋은 선택이
라 할 수 없습니다. 삶에 애착을 갖는 마음도 이해할 수 없는 것

* 앞의 『죽음학 개론』, p. 51.

은 아니지만 결국 죽음을 피할 수 없다면, 단순한 수명 연장을 넘어 인간의 존엄성을 잃지 않으면서 죽음을 맞이하는 것이 더욱 더 중요하다고 하겠습니다.

죽음학 전문가들은 사람이 죽음을 맞이할 때 가져야 할 중요한 자세가 바로 '존엄한 죽음을 받아들이는 자세'라고 말합니다. 살아 있는 것은 언젠가는 죽게 된다는 사실을 받아들여야 인간으로서 존엄성을 잃지 않고 죽음을 맞이할 수 있는 것입니다. 그러나 죽을 수밖에 없는 존재인 것을 받아들였다고 해도, 막상 죽음의 문 앞에 서게 되면 죽음 이후의 세계에 대한 두려움은 그대로 남아 있음을 깨닫게 됩니다. 그렇기에 죽음 자체에 대한 두려움, 죽음의 과정에 대한 두려움, 그리고 죽음 이후에 대한 두려움을 극복하는 일이 무엇보다 중요하다 하겠습니다.

우리는 죽음에 대한 근심으로
삶을 엉망으로 만들고
삶에 대한 걱정 때문에
죽음을 망쳐 버리고 있다.

- 미셸 드 몽테뉴

제2장

두려움으로부터
해방

1

✦

죽음이 두렵게만 느껴질 때

왜 인간은 죽음에 대한 두려움을 극복하지 못하는 것일까?

사람은 언젠가 죽음을 맞이해야 하는 존재입니다. 따라서 사람은 어느 누구를 막론하고 살아가는 동안은 물론이고 삶의 마지막 순간까지도 죽음에 대한 두려움에서 벗어나지 못합니다. 죽음, 그리고 그 그림자인 두려움의 영향으로 사람들은 늘 근심과 걱정을 털어 버리지 못합니다.

왜 인간은 죽음에 대한 두려움을 극복하지 못하는 것일까? 그것은 두려움의 고유한 특성 때문입니다. 죽음의 강력한 무기인 두려움에는 다음과 같은 특성이 있습니다.

첫째, 다양성입니다. 두려움은 사람들의 마음속 가장 깊숙한 곳에 자리 잡고 있으면서 여러 가지 양상으로 그 실체를 드러냅니다. 공포와 염려, 근심과 걱정, 각종 신경질환, 때로 정신질환의 모습으로 나타납니다.

둘째, 지속성입니다. 두려움은 살아 있는 모든 사람이 죽음에 이를 때까지 계속해서 그 영향력을 발휘합니다. 사람은 살아가는 동안 근원적으로 이 두려움에서 벗어날 수 없습니다.

셋째, 본질성입니다. 앞서 살펴본 대로 다양한 양상의 두려움의 근본 원인은 '존재의 소멸'인 죽음이 인간이 느끼는 모든 두려움의 가장 밑바닥에 자리 잡고 있습니다. 생명을 갖고 태어나는 순간부터 사람의 본능적인 제1 욕구는 생존을 영위하는 것이라고 할 수 있습니다. 따라서 생존의 단절, 즉 죽음에 대한 두려움은 인간의 제1 두려움입니다.

죽음은 바로 이 두려움을 무기로 삼고 있습니다. 두려움이라는 무기를 가지고 모든 인간들을 마지막 순간까지 공격하여 가치 있고 의미 있는 삶을 이루는 데 위협을 가합니다.

두려움을 분석하면서 우리는 죽음이 두려움이라는 모습으로 나타난다는 사실을 알게 되었습니다. 이 사실은 우리의 목표인 죽음을 극복하는 방법을 찾는 데 중요한 단서를 제공합니다. 죽음의 두려움으로부터 벗어나는 방법을 찾는다면, 그것이 곧 죽음을 극복하는 방법이 될 수 있기 때문입니다. 죽음이 야기하는 두려움을 극복하는 것, 그것이 인간으로 하여금 가치 있고 의미 있는 삶을 살 수 있게 합니다. 두려움을 극복할 수만 있다면 인간이 평생 근심과 걱정 속에 살다 죽는 것이 아니라 평안과 기쁨, 만족과 행복으로 삶을 마무리할 수 있기 때문입니다.

2

✦

두려움으로부터 해방이 필요한 이유

죽음은 그 자체가 가지고 있는 두려움으로 인간의 삶에 끊임
없이 영향력을 행사합니다. 이 두려움은 의식적이든 무의식적
이든 인간의 삶 속에 근심과 걱정을 불러일으키는 원인이 된다
는 점은 앞에서 살펴보았습니다. 따라서 인간의 삶이 가치 있고
의미 있는 것으로 바뀌어 누구나 행복하기 위해서는, 죽음이 야
기하는 두려움으로부터의 해방이 반드시 필요합니다. 이것이
바로 죽음을 극복하는 시발점이라 할 수 있습니다.

심리학에서 심리적 요인이 삶에 미치는 영향을 논의할 때 플
라시보 효과(Placebo Effect, 긍정적으로 잘 될 것이라 생각하는 사람이 긍정
적, 성공적인 결과를 얻을 때 쓰는 말로, 불치병도 이겨낸 사례가 있을 정도로
큰 힘을 갖고 있다. 긍정의 힘과 연관시켜 설명하기도 한다.)와 노시보 효과

(Nocebo Effect, 플라시보 효과와는 반대로, 부정적으로 잘 안 될 것이라 생각한 대로 비극적인 결과를 얻을 때, 즉 부정의 힘이 사람의 삶을 지배하는 경우에 쓰인다.)를 인용하여 설명합니다.

1950년대, 어떤 선원이 스코틀랜드의 한 항구에 짐을 내린 뒤 포르투갈 리스본으로 되돌아가는 포도주 운반선 냉동 창고에 갇혀 버렸습니다. 그를 미처 보지 못한 동료가 냉장고 문을 잠궈 버린 것입니다. 몇 시간 동안 창고 문을 두드렸지만 문을 열어주는 사람이 없었습니다. 그 선원은 점점 자기 몸이 차가워지는 것을 느끼기 시작합니다. 냉기 때문에 코와 손가락, 발가락이 얼기 시작했고, 그런 부위는 점차 넓어져 갔습니다. 그는 온 몸이 하나의 거대한 얼음으로 굳어져 가는 것을 느꼈습니다.

마침내 배가 리스본에 도착한 후, 다른 선원들이 다시 와인을 싣기 위해 냉동 창고를 열었을 때 차갑게 얼어 있는 선원을 발견하였습니다. '몸이 점점 얼어붙고 있다, 이제 나는 곧 죽을 것이다'라고 써 놓고 죽은 선원의 글을 발견하고 선장과 선원들은 깜짝 놀랐습니다. 그의 글 때문이 아니라, 창고 속의 온도가 상당히 높다는 것을 알았기 때문입니다. 실내온도는 영상 19도였고, 그 창고에는 음식도 충분히 있었습니다. 무엇이 그 선원을 죽음으로 몰고 갔을까요? 선원이 죽게 된 요인은 냉동고의 온도 때문이 아니라 그의 마음속에 잠재되어 있던 죽음에 대한 두려움 때문이었던 것입니다.

　이처럼 죽음에 대한 인간의 두려움은 실제로 우리를 죽음으로 이끄는 위력을 발휘합니다. 죽음은 두려움이라는 감정 뒤에 자기의 본질을 숨긴 채, 사람들에게 일생 동안 지속적으로 부정적인 영향을 줍니다. 죽음은 두려움을 무기 삼아 사람들로 하여금 절망에 빠지게 하고 고통과 괴로움에 시달리게 하는 것이지요.

　그러나 '두려움'이 죽음의 무기라는 것을 알아채고 그 구성요소를 아는 순간, 우리는 죽음을 무기력하게 만들 수 있는 방법을 찾을 수 있습니다. 두려움의 극복은 죽음을 극복할 수 있는 출발점이 되기 때문입니다. 우리는 앞에서 죽음의 핵심적인 무기인 두려움에 대해 여러 측면에서 살펴보았으며 그 구성요소가 무엇인지 분석을 했습니다. 그리고 이러한 분석을 통해 '두려움으로부터 해방'되어 죽음을 극복할 방법을 모색할 수 있을 것입니다. 죽음이 가지고 있는 가장 큰 무기인 두려움을 극복하고 나면 죽음은 인간에게 더 이상 힘을 발휘할 수 없게 됩니다. 죽음이 야기하는 두려움을 이겨내면 우리가 살아가는 동안 죽음의 두려움으로 인해 겪을 수밖에 없는 수많은 근심과 걱정, 공포와 불안에서 해방될 수 있습니다. 죽음을 극복하는 것, 그것이 삶 속에서도 그리고 인생의 마지막 순간인 죽음에 임박해서도, 인간이 추구해야 할 가장 큰 삶의 가치입니다.

✦

죽음공부는 삶의 공부

죽음을 이야기하자

죽음의 두려움을 극복하는 방법은 무엇일까? 많은 학자들은 두려움이란 회피해서는 안 되며 오히려 부딪치면서 극복해야 한다고 조언합니다. 죽음의 두려움도 마찬가지일 것입니다. 맞부딪쳐야 합니다.

죽음은 피한다고 해결되는 것이 아닙니다. 언젠가 모든 사람이 겪을 수밖에 없는 것이 죽음입니다. 그렇다면 죽음과도, 그것이 야기하는 두려움과도 정면으로 부딪쳐 나가야 합니다. 그 첫 번째 걸음이 죽음에 대하여 함께 이야기하는 것입니다.

삶과 죽음은 동전의 양면과 같습니다. 그래서 삶 속에는 항상 죽음이 존재합니다. 한쪽에서는 끊임없이 사람이 태어나고 다른 한쪽에서는 죽어 갑니다. 사람이 있는 곳에는 탄생과 죽음이 함께 존재한다는 증거입니다. 죽음은 우리 존재의 일부인 것입니다.

태어난 이상, 죽음은 피할 수 없는 일입니다(필연성). 나이가 들어 '노환'으로 죽는 경우는 의외로 많지 않습니다. 나이와 상관없이 병에 걸려 죽는 경우가 많습니다. 뜻하지 않은 사고로 죽기도 합니다. 천재지변으로 죽기도 합니다(가변성, 편재성). 그러기에 지금은 살아 있다고 해도, 언제 어떻게 죽음이 찾아올지 그 누구도 알 수 없습니다(예측불가능성). 이러한 죽음의 특성이 죽음에 대한 대화를 가로막습니다. 그런 까닭에 죽음을 이야기하는 행위가 마치 죽음을 불러들이는 것으로 오인하는 경우가 생기는 것 같습니다.

심리적으로도 죽음에 대해 이야기하는 것이 불편할 수 있습니다. 일단 불쾌한 생각이 들기 때문입니다. 임종의 순간을 보고 싶지 않고, 죽음을 만나고 싶지도 않을 뿐만 아니라, 죽음이 나에게도 찾아온다는 생각조차 하고 싶지 않은 마음이 무의식 속에 잠재해 있습니다. 죽음이라는 존재에 대해 될 수 있는 대로 외면하고 못 본 체하고 싶은 것이 모든 인간의 마음입니다.

하지만 사람은 언젠가 죽음을 만나고 인생 여행을 마감할 수밖에 없습니다. 죽음을 외면한다고 해서 죽음의 문제가 해결되는 것이 아닙니다. 죽음이 삶의 중요한 한 부분인 것을 정직하게, 그리고 겸허하게 인정하는 것이 문제 해결의 출발점입니다.

죽음은 모든 사람과 항상 동행하고 있습니다. 그래서 '삶'이 사람이라면 '죽음'은 그림자라고 표현하기도 합니다. 나이가 적든 많든 상관없습니다. 죽음은 '언제, 어디서, 누구에게, 어떻게' 다가올지 모릅니다. 그럼에도 불구하고 세상을 살아가는 많은 사람이 죽음에 대해 알려고 하지도 않고, 죽음 자체를 못 본 척하며 살아갑니다. 이러한 외면과 회피의 문화를 탈피해야 합니다. 그래야 죽음을 극복할 단초를 발견할 수 있습니다.

무엇보다 먼저, 인간에게 죽음은 필연이라는 사실을 직시해야 합니다. 죽음은 결국 삶의 최후의 순간에 일어나는 일이므로, 삶의 완성 과정이라고 할 수 있습니다. 그러므로 죽음에 대해 더 적극적으로 배우고 이야기하며, 언제든지 죽음을 받아들일 자세를 가지고 살아가야 합니다.

우리나라 사람들은 언젠가부터 죽음에 대해 이야기하는 것 조차 금기시하는 문화를 갖게 되었습니다. 첫 번째 이유는 오랫동안 내세관이 없는 유교 전통의 문화 속에 살아왔기 때문입니다. 최준식 교수는 "우리나라에 오랜 기간 동안 내세관이 없는 유교적 전통이 뿌리를 내리고 있어서 죽음에 대해 이야기하는 것을 꺼려하게 되었다"*고 말합니다.

두 번째 이유는 시대적 상황에서 찾을 수 있습니다. 죽음과 관련된 장면들이 우리와 점점 멀어지는 시대여서 죽음을 이야기할 기회가 좀처럼 드물고, 그에 따라 자연스럽게 죽음에 대한 논의가 터부시되는 문화가 정착된 것입니다.

오늘날 죽음이 임박하면 사람들은 거의 병원으로 가게 됩니다. 병을 치유하기 위한 것도 있지만, 임종을 준비하기에 병원이 '적당'하기 때문인 점도 중요한 이유입니다. 그 결과 일반인들은 죽음을 앞둔 중증환자를 직접 대면하는 일이 거의 없게 되었습니다.

예전에는 대부분 나이 든 부모를 돌보았으므로 일상에서 죽음을 직면하고, 늘 삶과 죽음의 의미를 생각할 수 있었습니다. 더불어 죽음에 대해 이야기를 나눔으로써 삶에서 죽음의 의미가 무엇인가를 배우고 깨달았습니다. 하지만 현대에 와서 이러한 과정이 거의 없어졌습니다. 부모의 간병과 임종의 모든 과정까지도 의사와 간호사, 요양사들이 주도하기 때문입니다.

그 때문에 오늘의 시대를 '죽음과 격리된 시대'라고 표현하기

---

* 김건열, 정현채, 유은실 지음, 『의사들, 죽음을 말하다』(북성재, 2014), p. 187.

도 합니다. 이러한 사회적, 경제적 변화들이 결과적으로 오늘날을 살아가는 대부분의 사람들로 하여금 죽음에 대한 이야기를 하지 못하도록 가로막고 있는 것입니다.

나아가 이러한 사회적 변화가 삶의 중요한 영역인 죽음과 관련한 다양한 지식들을 앗아가 버렸습니다. 그뿐만 아니라 죽음을 통해 얻을 수 있는 지혜까지도 다 사라지게 했습니다.

죽음과 격리된 시대!

바로 우리가 살아가는 시대입니다. 그래서 "나이 든 사람조차도 죽음을 어떻게 맞이해야 하는지, 가까운 사람의 죽음을 어떻게 받아들여야 할지, 가족이나 자신의 죽음을 어떻게 준비해야 하는지의 문제를 놓고 어찌할 바를 몰라 가만히 있거나, 엉뚱한 말을 내뱉어 오히려 더 큰 상처를 주기도"* 하면서 우리는 살아가고 있습니다.

이제는 죽음에 대한 이야기를 해야 합니다. 이야기를 하면 할수록 죽음에 대해 더 많은 것을 알 수 있기 때문입니다. 그뿐만 아니라 그것 자체가 죽음을 앞둔 사람에게 오히려 위로가 되고

* 앞의, 『죽음 - EBS다큐프라임 생사탐구 대기획』, p. 165.

죽음을 극복하는 데 도움을 준다는 사실을 알아야 합니다. 죽음을 앞둔 사람과 죽음에 대해 이야기를 나누는 것은 '당신 혼자서 죽음으로 향하고, 죽음을 겪는 것이 아닙니다. 당신 곁에는 우리가 있으며, 죽음의 그 순간까지 우리가 함께할 것'이라는 사랑의 마음을 전달하는 과정입니다. 이러한 대화를 통해 죽음을 앞둔 사람은 죽음의 과정 속에서 일어나는 두려움을 이겨 낼 수 있는 힘을 얻게 됩니다. 죽음에 대해 이야기하는 것이 오히려 우리 인생을 풍성하게 합니다.

죽음 공부

죽음이 주는 두려움을 극복하는 두 번째 방법은 죽음과 관련된 여러 과정과 내용을 공부하는 것입니다. 죽음이 주는 두려움에 대해 알폰소 데켄 교수는 "'죽음 교육'을 통해 '인간이란 죽음의 과정 속에서 죽음에 대한 두려움과 불안을 갖고 있다'고 가르치고, 그에 대응하는 자세를 알려주는 것이 극단적인 죽음의 공포를 완화시키는 효과가 있다"[*]고 말합니다.

죽음 공부는 죽음의 두려움을 극복하게 할 뿐 아니라 매우 중

---

[*] *Ibid.*, p. 262.

요한 인생 공부가 됩니다. 사람이 살아가는 데 유용한 지식이나 기술, 그리고 도구 사용법은 학교에서 배웁니다. 하지만 먹고 사는 것이 인생의 전부가 아닙니다. 인간은 동물과는 다르기 때문입니다. 사람은 하루하루 살아가는 것도 중요하지만, 그에 못지않게 중요한 것이 인생의 의미와 가치를 깨닫는 것입니다.

학교교육에서 배울 수 없는 인생의 의미와 가치를 공부하는 것이 바로 죽음 공부입니다. 그런 점에서 그것은 세상을 살아가는 모든 사람들에게 필수적이며 매우 중요한 공부입니다. 이를 좀 더 세세하게 살펴보겠습니다.

1) 죽음 교육의 본질

죽음 교육은 삶의 교육입니다. '삶과 죽음은 동전의 앞 뒷면'이라는 말에는 삶이 있는 곳에는 죽음이 있다는 의미를 내포합니다. 그러기에 죽음 교육은 살아 있는 모든 사람, 즉 어린이부터 노인에 이르기까지 골고루 필요한 교육입니다.

대부분의 죽음학자들은 죽음 교육의 필요성을 애써 강조합니다. 최준식 교수는 "죽음 교육은 어려서부터 받아야 한다."고 주장합니다. 죽음 교육은 '죽음이 무엇인가?'에 대해서만 알려주는 임종교육이 아니라, 죽음을 배경으로 하여 가치 있고 의미 있는 삶이 무엇인지, 어떻게 살아가야 하는지를 깨닫게 하는 삶의 교육이기 때문이라고 설명하고 있습니다. "죽음 교육은 삶의 교육"이라고 한 최준식 교수의 통찰은 삶과 죽음에 대한 관계를 아주 정확하게 설정했다고 할 수 있습니다.[*]

사람이 살아가는 데 '사느냐 죽느냐'가 전부가 아니라 '어떻게(!) 살고 어떻게(!) 죽느냐'에 대한 가르침이 죽음 교육입니다. 그래서 혹자는 죽음 교육이 인성 교육의 중요한 토대라고도 이야기합니다.

죽음학자 오진탁 교수는 "죽음(준비) 교육은 죽음을 바르게 이해하도록 함으로써 삶을 보다 의미 있게 살도록 하고, 죽음을 한층 편안하게 맞이할 수 있도록 돕는 삶의 준비 교육이자 자살예방교육"[**]이라고 강조합니다. 그러므로 죽음 교육은 초등학교에서부터 대학에 이르는 학교교육, 그리고 성인과 노인을 대상으로 하는 평생교육의 형태로 다양하고도 전면적으로 실시해야 합니다.

아름답고 행복한 삶을 위해 죽음 교육이 필요하다고 주장하는 학자도 있습니다. 정재걸 교수는 『삶의 완성을 위한 죽음 교

[*]   최준식, 『죽음학 개론』(모시는사람들, 2013), pp. 93-94.
[**] 오진탁, 『마지막 선물-웰다잉(Well-Dying), 죽음이 가르쳐주는 삶의 지혜들』(세종서적, 2013), p. 253.

육』에서 죽음 교육은 "매일매일의 삶이 기적임을 깨닫기 위한 것"으로 "우리의 삶이 아름답고 행복한 것이라면 죽음 역시 아름답고 행복할 것입니다. 반대로 우리의 삶이 추하고 고통스러운 것이라면 죽음도 추하고 고통스러울 것입니다."라고 주장합니다. 그는 사람들이 평상시에 살아가는 모습이 죽을 때의 모습과 같다면서, "죽음 교육을 통해 아름답고 행복한 삶을 배우게 해야 하고 그러한 교육이 바로 죽음 교육"이라고 설명합니다. 나아가 죽음 교육의 궁극적인 목적은 "우리가 두려워하는 죽음이란 본래 없다는 것을 가르치는 일"이라고 하여 종교적 세계관이 묻어나는 죽음 교육관을 피력하고 있습니다.* 정재걸 교수는 결론적으로 죽음 교육은 죽음이 삶의 완성, 삶의 최고봉이 되도록 하는 것이라고 강조합니다.**

2) 죽음 교육의 세계적인 동향

세계적으로 '죽음 교육'(Death Education, '죽음준비교육'이라고도 함)은 오래전부터 폭넓게 이루어지고 있습니다.

미국에서는 로버트 펄튼(Robert Fulton) 교수에 의해 1963년 미

---

* 정재걸, 『삶의 완성을 위한 죽음 교육』(한국방송통신대학교출판부, 2010), pp. 4-5; p. 15.
** *Ibid.*, p. 107.

네소타대학원에 죽음학 강좌가 개설되었습니다. 이어 1969년에 〈죽음 교육과 연구 센터〉가 설립되었고, 죽음 교육에 대한 연구가 본격적으로 시작되었습니다. 이곳에서는 의학, 간호학, 교육학, 문화인류학, 사회학, 신학 등 각 분야의 전문가들이 공동연구를 진행했습니다. 그 결과 1980년대부터 공립 초중고교에 죽음 교육 교과목을 개설하고 '죽음 임종 교육'을 실시하고 있습니다.*

일본은 1980년 초부터 생(生)과 사(死), 늙음과 젊음, 건강과 질병, 인생관과 생사관 등의 항목을 중심으로 체계적인 죽음준비교육을 실시하고 있습니다. 죠지(上智)대학에서는 알폰스 덴켄(Alfons Deenken) 교수가 죽음준비교육 프로그램을 만들어 죽음학 ('生死學'이라고 번역함) 연구를 진행했으며, 2002년부터 학교교육에 죽음 교육이 포함되었습니다. 또 죽음 교육 연구를 위해 2006년 예산에 400만 달러를 책정하기도 했습니다.**

독일에서는 죽음준비교육 교과서가 일찍부터 편찬되어 종교 교육 시간을 통해 죽음 교육을 실시하고 있습니다. 죽음준비교육은 초등학교 1학년부터 고등학교 최종학년까지 실시되며, 교

* http://blog.naver.com/neolamo/10179761151
** 앞의 『마지막선물』, p. 254.

재 선택은 담임교사의 재량입니다.* 최준식 교수에 따르면 독일의 죽음 교육 교과서는 21종에 달합니다.**

　스웨덴에서는 죽음 교육을 '죽음대비교육'으로 실시하고 있습니다. 1988년 8월 15일, 한 초등학교의 버스가 대형사고를 일으켜 어린이 12명과 어른 3명 등 총 15명이 사망하고, 수많은 중상자가 발생했습니다. 사고 장소가 이웃나라 노르웨이의 산속이었으므로, 사고 초기에 스웨덴의 학부모들은 상세한 정보를 알 수 없었습니다. 자식의 안위를 염려하는 학부모들이 학교로 달려왔지만 학교 측이나 교사들도 무엇을 어떻게 해야 할지, 그리고 이 일을 다른 학생들에게 어떻게 설명해 주어야 할지 막막해했고, 할 수 있는 일이라고는 비탄에 빠지는 것뿐이었습니다. 이러한 대참사의 사후처리 과정에서 발생한 혼란에 대한 반성으로 스톡홀름 시와 그 주변의 초등학교는 '위기 대응 팀'을 창설했습니다. 이는 위기 사태가 발생하면 즉시 다각적인 대응을 하기 위한 조직으로, 최근에는 행정기관과도 긴밀히 연계되어 있습니다. 그러면서 죽음대비교육이 시작되었습니다. 각 학교에서 학부모, 교사, 학생들이 갑자기 사망했을 때를 가상하여 여

---

* 　알폰스 디켄, 전성곤 역, 『인문학으로서의 죽음 교육』(인간사랑, 2008), p. 99.
** 　앞의 『죽음학 개론』, p. 94.

러 가지 방식의 대응 시나리오를 준비하여 학생들에게 죽음대
비교육이나 비탄교육을 실시하게 된 것입니다.*

3) 우리나라의 죽음 교육

이처럼 세계 주요 국가에서는 죽음 교육에 관심을 갖고 많은
투자를 하고 있습니다. 서구의 사회적 분위기가 죽음 교육에 개
방적이고 쉽게 접근할 수 있는 여건을 갖추고 있어서 조기에 죽
음 교육을 시작하고 정착시킬 수 있었습니다.

그러나 우리나라는 죽음 교육에 대해 매우 부정적입니다. 죽
음이라는 단어를 사용하는 것조차 금기시하는 분위기여서, 죽
음 교육에 관심이 없는 것은 물론이고 필요성도 느끼지 못하고
있는 것처럼 보입니다. 한국사회에서 죽음 교육을 꺼리는 이유
는 다음 네 가지로 요약할 수 있습니다.

첫째, 우리나라의 문화는 대체로 죽음에 관련된 일을 부정적
인 것으로 인식합니다. 조선왕조 600년 동안 내세관이 없는 유
교가 지배하면서 그 전통이 우리 삶에 뿌리를 내리게 되었고,**
그 문화적 영향이 지금도 우리 사회에 미치고 있어 죽음에 대한

---

* http://blog.daum.net/peaceedu/15239007 참조.
** 앞의 『의사들, 죽음을 말하다』, p. 184.

논의나 교육을 쉽게 시작하지 못하고 있습니다.

둘째, 교육의 목적이 사람을 사람답게 만드는 것이라는 생각은 예로부터 있어 왔습니다. 하지만 오늘날 우리의 학교교육은 이러한 인성교육 부문을 거의 반영하지 못하고 있습니다. 우선 학교교육에서 배워야 하는 지식의 양이 폭발적으로 증가함에 따라, 인성교육에는 관심과 투자가 미치지 못하고 있는 것이 현실입니다. 무엇보다 경쟁 위주의 사회 및 교육 풍토가 만연하여 더불어 살아가는 지혜를 중시하는 인성교육은 뒷전으로 밀려났습니다. 우리나라의 교육이 갈수록 입시교육이나 직업교육을 강화하는 쪽으로 나아가고 있는 이러한 사회적 흐름속에서, 죽음 교육이 말도 꺼내지 못하는 상황입니다.

이러한 이유로 우리나라의 교육과정에서 자신의 존재 의미나 인생의 참된 가치를 고민하고 생각할 수 있는 기회가 점점 사라지고 있습니다. '인간이란 무엇인가?' '인간의 삶의 가치는 무엇인가?'와 같은 질문을 하고 그에 대한 해답을 찾도록 도와주는 강의를 찾아보기 어려운 상황입니다. 학교교육 과정에 죽음 교육은 거의 염두에 두지 않고 있는 것이 우리 교육의 현실입니다.

셋째, 막스 베버(Max Weber)가 제기했던 천민자본주의가 우리나라 경제 행태의 주류가 된 것도 죽음 교육에 부정적인 풍토 형성의 요인중 하나입니다. 배금주의가 심화되면서 물질만능주의가 사회 전반에 만연하고 있습니다. 이와 함께 '신(God)'이 되어 버린 '돈'의 위력이 사회 전반을 지배하고 있는 형국입니다. 그에 따라 사람들이 삶의 정신적 의미와 가치를 추구하기보다는 얼마나 많이 소유하느냐 하는 물질적 가치를 더 소중하게 여기게 되었습니다. 또한 소비를 미덕으로 하는 자본주의의 영향으로 "돈이 죽음에 저항 기제로 작용"*하는 사회 구조가 형성되었습니다. 그 결과 물질적인 성취로 죽음을 방어하려는 경향이 지배하는 사회가 된 것입니다. 이에 대해 『죽음-EBS 다큐프라임 생사탐구 대기획』에서는 이렇게 설명합니다: "사람들이 경제적 부의 축적을 삶의 유일한 목적이라고 생각한다면 당연히 죽음은 아무런 의미가 없는 것이 되고, 그것에 대해 말하는 것을 꺼리게 된다."**

이처럼 인간 삶의 본질적인 부분인 죽음과 죽음의 과정을 오로지 물질적인 가치로 판단하고 제어하려는 사회에서, 애써 죽음의 의미와 가치를 헤아리려고 하지 않게 되었습니다.

넷째, 현대사회는 종교의 영향력이 점점 작아지는 추세를 보이고 있는데, 우리나라 상황도 마찬가지입니다. 이러한 종교의

---

* 앞의 『죽음 - EBS다큐프라임 생사탐구 대기획』, p. 216.
** *Ibid.*, p. 218.

영향력 쇠퇴가 죽음을 일상에서 소외시키는 중요한 요인으로 작용하고 있습니다. 종교는 사후 세계 논의를 통해 사람들에게 죽음을 환기하는 역할을 했는데, 종교의 쇠퇴로 말미암아 죽음은 점점 사람들의 관심사에서 멀어지고 있는 것입니다. 나아가 종교 내적으로도 사회의 영향을 받아 점점 자본주의화 되어 현세의 삶을 강조하는 방향으로 나아가면서, 종교적 관점에서의 죽음 연구나 논의가 줄어들고 있습니다.

4) 죽음 교육을 필수교육으로

앞에서 살펴본 대로, 죽음 교육에 대한 사회적인 저항이 크다고 하더라도 이를 외면하거나 포기해서는 안 됩니다. 죽음은 내 인생의 일부분, 즉 삶의 일부분이기에 삶의 가치와 의미를 찾기 위해서라도 죽음 교육이 바람직하게 이루어질 수 있는 방안을 계속해서 모색해야 합니다.

제한적이기는 하지만, 우리나라에서도 대학교나 사회단체, 지자체에서 운영하는 문화센터 등에서 웰다잉(Well-Dying, '웰다잉'에 대해서는 5장에서 자세히 살펴보겠습니다)을 주제로 하는 죽음 교육이 실시되고 있습니다.* 그뿐만 아니라 최근 들어 극히 일부이기는 하지만 종교계에서도 죽음 교육에 관심을 갖고 죽음 체험 프로그램을 실시하는 곳이 생겨나고 있습니다.

하지만 현행의 죽음 교육에서 대부분 간과하는 내용이 있습니다. 바로 죽음이 가르쳐주는 소중한 삶의 지혜에 관한 내용입니다. 죽음을 앞두었을 때 어떻게 지난날을 정리하고 가족과 이별을 할 것인가에만 초점을 맞추는 것은 온전한 죽음 교육이라고 할 수 없습니다. 존엄한 죽음을 맞이할 인간의 권리, 연명치료에 관한 교육 그리고 말기 환자들의 고통을 줄여 주는 호스피스 완화치료 등 죽음과 관련된 여러 관점의 교육이 필요합니다.

또한 죽음 교육은 죽음을 앞둔 사람들에게만 필요한 교육이 아닙니다. 무엇보다 어린이에서부터 노인에 이르기까지 모든 사람을 대상으로 그들이 삶의 의미와 가치를 깨닫고 행복한 삶을 살 수 있도록 돕는 것이 죽음 교육의 본질입니다. 이 땅을 살아가는 모든 사람에게 있어서 죽음 교육은 필수교육이어야 합니다.

---

* 한 예로 웰다잉문화재단에서는 '삶의 아름다운 마무리를 위해 내가 하고 싶은 다섯 가지 결정'을 할 수 있도록 돕는 프로그램을 진행하고 있다. 부록2 참조.

5) 죽음학 도움 받기

죽음과 관련하여 깊이 있는 지식과 통찰을 제공해주는 학문이 바로 죽음학(Thanatology)입니다. 죽음학은 인간이 시작한 최초의 학문이라고 해도 과언이 아닙니다. 인간은 인간으로서의 자기 존재를 인식하면서부터, 죽음을 인지하고 자기 존재의 이유와 의미를 고민했기 때문입니다. 그것이 바로 죽음학의 시초입니다. 따라서 죽음학은 모든 학문의 모태라고 할 수 있습니다.

플라톤이 저술한 『소크라테스의 변명』에 따르면, 소크라테스는 "참된 철학자는 항상 죽음과 죽어 가는 것을 추구해야 한다"고 했습니다. 이 또한 죽음학적인 통찰이라고 할 수 있습니다. 현대의 죽음학은 죽음의 원인과 조건, 죽음의 시작점과 결말, 죽음의 의미뿐 아니라, 죽음과 연관된 모든 사회적인 관계까지 폭넓게 연구하며 성과를 쌓아가고 있습니다.

오늘날 죽음학은 의학적 관점 내지는 생물학적 관점에서 보는 죽음만을 다루지 않습니다. 죽음학은 인접 학문과의 학제간 연구로 확장하면서 죽음을 통해 깨달을 수 있는 삶의 의미가 무엇인지를 파헤치는 종합적인 학문입니다. 즉 죽음학은 철학, 사회학, 종교학, 심리학, 의학, 간호학, 교육학, 사회 복지학, 문화 인류학 등 여러 학문분야와 협력하는 다(多)학문적 특성을 띠고 있습니다.

죽음학(Thanatology)이라는 용어는 '죽음'이라는 뜻의 그리스어 '타나토스'(thanatos)와 학문을 의미하는 '알러지'(ology)의 합성어입니다. 죽음학은 죽음이 기피와 회피, 금기와 혐오, 공포와 비탄의 대상이 아니라 삶의 한 과정이라는 것을 알려주고 있습니다. 죽음 앞에 선 사람에게는 그에 대한 이해를 돕고 두려움을 떨치게 합니다. 또 살아남은 이들에게는 죽음으로 인하여 발생하는 사회관계의 변화, 가족관계에서 일어나는 다양한 문제를 어떻게 해결할 것인가에 대하여 도움을 줍니다. 이처럼 죽음학은 죽음을 앞둔 사람을 위한 '죽음의 학'(學)일 뿐 아니라 그 이후를 살아가는 사람을 위한 '살림의 학'(學)이기도 합니다.

그러므로 죽음학은 죽음이라는 영역만 연구하는 학문이 아닙니다. 죽음을 취급하는 몇몇 사람들만 공유하는 '전문 지식'에 한정되는 것도 아닙니다. 죽음학의 범위는 삶의 전 영역에 걸쳐 있고, 모든 이의 삶에 도움을 준다는 점을 이해할 필요가 있습니다. 나아가 '죽음의 자리'에서 들려오는 '삶의 의미와 지혜'에 대한 연구까지 죽음학의 영역에 포함하여 지속적인 탐구가 필요합니다. 왜냐하면 이러한 연구를 통해 사람들에게 삶에 대한 깨달음을 제공할 수 있기 때문입니다. 그런 점에서 죽음학은 종교학적으로도 매우 의미 있는 학문이라 할 수 있습니다.

종교가 초자연적인 절대자의 힘에 의존하여 인간생활의 고

뇌를 해결하고 삶의 궁극적 의미를 추구하는 것이라면, 죽음의 자리에서 깨우치는 지혜로부터 삶의 의미를 추구하는 죽음학은 종교와 상호 도움을 주고받을 수 있기 때문입니다. 그러기에 "죽음학은 죽음만 연구하는 것이 아니라 죽음 속에 들어 있는 삶과 삶 속에 들어 있는 죽음을 동시에 연구하는 학문"[*]이라는 설명은 매우 의미가 있다 하겠습니다.

죽음을 보는 시각의 전환

죽음이 주는 두려움을 극복하는 세 번째 방법은 죽음을 보는 시각을 바꾸는 것입니다.

죽음의 자리에 서게 되면, 누구나 지난 삶에 대한 후회와 미련이 남게 마련입니다. 남은 시간이 아쉽게만 느껴집니다. '조금만 시간이 더 있으면 좋으련만!'이라는 한탄이 절로 나옵니다.

그러나 시간은 기다려주지 않습니다. 사람으로 태어나면 언젠가는 죽어야 하는 것이 인생입니다. 죽음이야말로 모든 사람이 평등하다는 진리를 가장 적나라하게 보여주는 척도인 것입니다. 죽음이 찾아오면, 삶을 정리할 때가 되었다는 신호로 받

---

[*] 최준식, 『너무 늦기 전에 들어야 할 죽음학 강의』(김영사, 2014). p. 65.

아들이고, 담담하게 인생을 마무리해야 합니다.

  그동안 어떻게 살아왔든, 죽음은 삶의 한 부분으로서 인생을 정리하고 완성할 수 있는 마지막 기회이자 선물이라는 안목을 가질 필요가 있습니다. 죽음은 고통이나 괴로움, 아쉬움의 대상이 아니라 신이 주는 선물입니다. 죽음에 대한 이러한 이해는 죽음의 두려움을 극복할 수 있는 귀중한 자산이 되기도 합니다. 이를 좀 더 자세히 살펴보겠습니다.

  1) 죽음, 저주인가, 축복인가?

  만약 인간이 죽지 않는다면 어떻게 될까요? 그리스신화에 나오는 이야기입니다. 새벽의 여신 에오스(Eos)는 트로이 왕의 아들인 티토누스(Tithonus)를 사랑하게 됩니다. 티토누스를 납치한 에오스는 신들의 왕 제우스에게 가서 티토누스에게 영원한 생명을 달라고 간청하여 티토누스가 죽지 않도록 해 주었습니다. 하지만 세월이 흐르면서 인간인 티토누스는 점점 늙어서, 수족을 움직일 수도 없게 된 채 혼자 웅얼거리기만 하는 늙은이가 되고 말았습니다. 그 소리가 듣기 싫어진 에오스는 늙은 티토누스를 창고에 가두어 버립니다. 하지만 그 창고에서도 계속해서 신음소리를 내자 에오스는 티토누스를 매미로 만들어 버립니다. 이 신화가 말하고자 하는 것은 만약 인간이 죽지 않는 존재가 된다면 잠시 동안의 젊음과 성숙함의 시간 이후에, 영겁의 시간 동안 병약하고 무기력한 채 고통과 괴로움 속에서 비참한 삶을 살아가게 된다는 것입니다.

스티븐 케이브(Stephen Cave) 교수는 『불멸에 관하여』에서 인간에게 죽음이 없어질 경우 발생할 문제를 다음과 같이 설명합니다.

첫째, 인간에게 죽음이 없다면 지루함과 절망감으로 인생을 살게 될 것입니다: "만약 사람이 죽지 않는다면, 이미 세상의 모든 것을 보고 경험한 사실 때문에 지루하고 무감각하게 되고, 또 한편으로는 더 이상 새로운 일이 남아 있지 않을 미래에 대한 절망으로 암담함에 빠져 살아가게 될 것이다."*

스티븐 케이브 교수는 결국 사람들이 '제발 세상의 끝이 오게 해 달라'고 애원하게 될 것이라고 단언합니다.

둘째, 인간에게 죽음이 없다면, 끝없이 이어지는 시간 속에서 세상의 아름답고 재미있는 것들이 없어질 것이고, 따라서 우리가 하는 일들이 그리스신화 속 시지프스의 그것처럼, 무한 반복 노동으로 바뀌고 말 것입니다. 그렇게 되면 삶을 통해 얻을 수

* 앞의 『불멸에 관하여』. p. 354.

있는 기쁨과 즐거움, 감사는 사라지고 무의미한 인생만 남게 될 것입니다.

셋째, 죽음이 없다면, 인간은 한없는 게으름에 빠질 뿐 아니라, 시간의 가치를 잃고, 아무 목적 없이 살아가게 될 것입니다.

결론적으로 스티븐 케이브는 "문명은 우리에게 불멸을 약속하지만 그 약속이 실현되면 모든 문명은 붕괴되고 말 것"*이라고 예언합니다. 죽음이 없으면 오히려 문명의 종말이 온다는 경고입니다.

이러한 지적은 인간에게 죽음, 즉 유한성의 가치가 얼마나 큰 것인지를 말해주고 있습니다. 삶의 시간이 한정되어 있기에 비로소 가치 있는 것이고, 세상은 아름다움을 드러내며, 소중한 일을 했을 때 기쁨을 느낄 수 있는 것입니다.

2) 죽음은 신의 선물

헨리 나우웬(Henri Nouwen)은 노년에 '죽음을 맞이하는 일과 죽어 가는 이를 돌보는 일에 관한 묵상'이라는 부제를 단 『죽음, 가장 큰 선물』**이라는 책을 남겼습니다. 그가 숱하게 보고 겪은 바

---

*   *Ibid.*, p. 361.
** 헨리 나우웬, 홍석현 옮김, 『죽음, 가장 큰 선물』(홍성사, 2016).

를 토대로 죽음을 준비하고 대비하는 데 유용한 가르침을 담은 책입니다. 기독교적 시각에서 죽음을 인식하고 수용하는 문제, 자신의 사후에 남겨진 사람들에게 어떻게 기억될 것인가 하는 문제의 중요성, 죽음이 생명의 빛의 세계로 들어가는 의미를 갖기 때문에 두려움이나 공포의 대상이 아니며 오히려 친근하게 대해야 할 사건임을 이야기하고 있습니다.

이러한 관점에서 보면, 죽음은 신이 준 선물임이 분명합니다. 인간에게 죽음이 없다면, 인간의 존엄성 그리고 그리움과 그로부터 유래하는 사랑이라는 단어는 사라질 것이 자명하기 때문입니다. 이것은 철학적, 종교학적으로도 그러하지만, 현실적으로도 그렇습니다.

내가 사는 곳은 요양병원과 요양원이 비교적 많은 곳입니다. 대도시는 아니지만 우리나라에서 손꼽는 암 전문대학병원이 있어, 수술을 받은 암 환자를 대상으로 하는 크고 훌륭한 요양병원이나 요양원이 여럿 들어서 있습니다. 목회자로서 저는 요양병원과 요양원을 자주 찾아가 영적 돌봄 프로그램을 하는 동안 그곳에서 인생의 마지막을 보내고 계시는 분들을 많이 만납니다. 그분들 중에는 생물학적으로는 살아 계시지만 인간의 존엄성을 잃어버리신 분들이 적지 않습니다. 치매에 걸려 오로지 먹고 배설하는 일 이외에 아무것도 의식하지 못하고, 움직이지 못하며 말을 하지 못하는 분들, 수액과 영양제로 연명하시는 분들, 인공호흡기에 의존하여 생명을 연장하고 계시는 분들을 볼 때마다 얼마나 마음이 아픈지 모릅니다.

그들의 모습이 저와 우리 모두의 미래의 모습이기 때문입니다. 그분들에게 생명의 연장이 무슨 의미나 가치가 있을까요? 물론 삶에 미련이 남아 마지막 순간까지 생명의 끈을 놓지 않으려는 것이 인간의 본능일 것입니다. 하지만 더 이상 사람답게 살아갈 수 없고 존엄성을 지킬 수 없는 나날을 보내고 있다면, 오히려 죽음이야말로 신이 주신 선물이라는 말에 고개를 끄덕이게 될 것입니다.

만약 인간에게 죽음이 없다면 인간의 가치와 삶의 의미는 없어질 것이고 그에 따라 존엄성을 지키는 것도 더 이상 가능하지 않을 것입니다. 그런 점에서 죽음은 저주스럽고 혐오스러우며 생각하기도 싫은 대상이 아니라, 오히려 신이 주는 축복이며 선물임을 하루 빨리 깨달아야 합니다. 이렇게 죽음을 긍정적으로 보는 관점의 변화가 죽음의 공포를 극복하는 한 방법이 됩니다.

'죽음 이후의 세계' 공부하기

그럼에도, 여전히 많은 사람들이 죽음을 완전한 끝이라 생각하며 살고 있습니다. 이런 생각은 특히 현대사회에 들어오면서 더욱 강화되고 있습니다. 그 결과로, 살아 있는 동안 즐기자는 현세주의, 속물주의가 인간의 의식과 삶을 지배하고 있습니다. 그러나, 그 이면에는 이 세상의 삶에 미련을 떨치지 못하고, 예정된 죽음을 미리 슬퍼하며 또한 두려워하는 마음이 도사리고 있음을 볼 수 있습니다.

최근 의학계를 중심으로 죽음은 끝이 아니라는 '사후생(死後生, On Life After Death: 죽음 이후의 세계)'에 관한 연구들이 보고되고 있습니다. 이 연구는 사람들이 죽음에 대한 두려움을 극복할 수 있도록 도움을 줄 뿐 아니라, 죽음을 맞이하는 사람들에게 새로운 희망을 갖게 함으로써 힘들고 고통스러운 죽음의 과정을 견딜 수 있도록 하는 연구입니다.

만약 '죽음 이후의 세계'가 존재한다면 사람들은 그 미지의 세계에 대한 기대감 때문에라도 이 세상에 남은 미련을 조금이나마 가볍게 내려놓을 수 있게 될 것입니다. 나아가 죽음으로 모든 것이 끝나는 것이 아니라는 것을 알고, 죽음을 의연히 받아들일 수 있게 될 것입니다. 또 '죽음 이후의 세계'가 존재한다는 것을 믿는다면, 먼저 죽은 사랑하는 사람들을 그곳에서 다시 만날 수 있을 것이라는 희망을 갖게 됨으로써 죽음의 두려움을 극복할 수 있을 것입니다.

일본 교토대학 칼 베커(Carl Becker) 교수에 의하면, '죽음 이후의 세계'가 존재한다는 것을 아는 사람들은 죽음에 대한 두려움이 훨씬 적다고 합니다. 그는 『죽음의 체험』에서 "'죽음으로 (모든 것이) 끝나는 것이 아니다'라는 사실을 인식하는 사람과 그렇지 않은 사람의 임종하는 모습에 큰 차이가 있다"고 하면서, '죽음 이후의 세계'에 대한 존재를 아는 것은 "죽음을 앞둔 사람들이 갖는 죽음의 공포를 줄이는 매우 중요한 내용"[*]이라고 재삼 강조합니다. 그는 '사후생'에 대한 지식이 죽음을 앞둔 사람들의 불안과 공포를 줄일 수 있는 매우 중요한 지식이라는 것을 알려주고 있습니다.[**]

그러나 이 주장을 받아들이기 위해서는 먼저 해결해야 할 과제가 있습니다. '죽음 이후의 세계'가 존재한다는 것을 과연 어떻게 증명하느냐 하는 것입니다.

저도 목사이기에 이에 관한 질문을 많이 받습니다. 저는 기독교 신앙을 가진 사람으로서 '죽음 이후의 세계'가 존재한다는 것을 확실히 믿고 있습니다. 그러나 '죽음 이후의 세계'를 직접 보았느냐는 질문이나, 그것을 증명해 보라는 요구에 대해 사후생을 공부하기 전까지 저는 이렇게 대답할 수밖에 없습니다: "성

---

[*] 앞의 『의사들, 죽음을 말하다』, p. 198.
[**] *Ibid.*, p. 200.

경에 '죽음 이후의 세계'가 있다고 쓰여 있습니다. 성경 말씀이니 기독교인으로서 믿는 것이 당연합니다. '죽음 이후의 세계'의 존재 여부는 증명의 대상이 아니라 믿음의 영역입니다."

왜냐하면 제가 실제로 죽어서 '죽음 이후의 세계'에 가 본 적이 없었을뿐더러, 그 누구도 경험해 보지 못한 그 세계를 달리 증명할 길이 없기 때문입니다. 하지만 '사후생' 연구에 대한 공부를 하고 난 후부터는 좀 더 학술적이고 과학적인 근거를 가지고 '죽음 이후의 세계'를 자신 있게 이야기할 수 있게 되었습니다. 의학계에서 진행되어 온 '사후생' 연구가 '죽음 이후의 세계'의 존재 여부에 대해 중요한 내용을 알려주었기 때문입니다.*

죽음학의 한 분야이면서 '죽음 이후의 세계'를 다루는 '사후생' 연구는 의학계에서 먼저 시작되었습니다. 이전에는 회생할 수 없었을 치명적인 상태 혹은 '죽음에 다다른 환자'가, 의학의 발달 덕분에 다시 살아나는 사례가 많아졌습니다. 그렇게 다시 살아난 사람들이 자신이 경험한 죽음에 대해 이야기하였는데, 이 경험을 임사체험(Near-Death Experience, 일명 '근사체험')이라고 합니

---

* 사후생의 자세한 내용은 이어지는 내용과, 이 책 〈부록1: 현대의학계의 사후생 연구 고찰-임사체험 연구를 중심으로〉를 참조 바람.

다. '사후생' 연구는 이 임사체험을 근거로 시작되었습니다.

의학계에는 이 임사체험 연구를 의학 연구의 한 분야로 인정하고 있습니다. 세계적인 의학전문지 『란셋(Lancet)』에 2001년부터 임사체험에 대한 여러 연구 결과가 실리기 시작한 것이 그 증거입니다.*

'죽음학'의 창시자로 알려진 엘리자베스 퀴블러 로스(Elisabeth Kübler-Ross) 박사는 일찍부터 임사체험을 한 사람들이 전해준 이야기를 연구의 대상으로 삼았습니다. 이러한 임사체험 연구 결과를 토대로 "죽음 이후의 세계가 존재한다"**고 주장한 것입니다. 그녀의 주장은 '사후생(Life After Death)'에 대한 의학계 전반의 연구로 확장되었고, 그 영역이 점점 넓어지면서 현재에 이르고 있습니다.

'사후생' 연구가 임사체험 연구를 중심으로 진행된 이유는 분명합니다. 그동안 사람들은 대부분 죽음을 '경험'할 수 없었습니다. 혹은 "'경험'한 것을 증언할 수 없었다"고도 할 수 있습니다. 인류 역사 이래 지극히 최근까지, 죽었다가 다시 살아나 '죽음

---

* 앞의 『의사들, 죽음을 말하다』, p. 104.
** 엘리자베스 퀴블러 로스, 최준식 옮김, 『사후생: 죽음 이후의 삶의 이야기』(대화문화아카데미, 2010).

이후의 세계'를 알려준 사람은 아무도 없었으니까요. 따라서 '죽음 이후의 세계'를 알 수 있는 방법이 없었습니다. 그러기에 인류 역사 속에서 '죽음 이후의 세계'는 알 수 없는 영역으로 남아 있었습니다.

그런데 의학의 발달로 말미암아 '죽었다 다시 살아난 사람들'이 점차 늘어가고, 그중 일부가 '죽음 이후의 세계'에 대한 경험을 기억해 내어 증언함으로써, 그 비밀에 조금씩 다가갈 수 있게 된 것입니다. 의료기술의 발전으로 죽었다가 살아난 사람들의 수가 많아지면서 '죽음 이후의 세계'에 대한 증언 빈도가 높아졌고, 그만큼 신뢰성도 높아졌습니다. 무엇보다 그들의 체험담에는 일관되고 공통된 요소가 내포되어 있었습니다. 따라서 학술적 연구 가능성과 필요성이 제기되었고, 이에 대한 연구를 '사후생 연구'라고 부르게 된 것입니다.

'사후생 연구'가 진행되면서 그동안 알 수 없었던 '죽음 이후의 세계'가 우리에게 점점 그 모습을 드러내기 시작했습니다. 그래서 '사후생 연구'가 죽음의 과정뿐 아니라 '죽음 이후의 세계'에 대한 네비게이션 역할을 하고 있다고 말합니다.

'사후생'에 대한 초기 연구는 주로 정신과 의사나 심리학자들이 주도했습니다. 그러나 시간이 지나면서 뇌 의학, 응급 의학,

그리고 소생의학 등으로 그 연구 영역이 넓어지고 있습니다.*
사후 세계의 비밀이 어디까지 밝혀질지는 아무도 모를 일이지
만 그것이 알려주는 한 가지 분명한 사실은 '죽음 이후의 세계
가 존재한다'는 것입니다. 이러한 연구 결과는 우리에게 죽음이
끝이 아니라는 사실을 알려줍니다. 그리고 죽음이란 새로운 세
계, 즉 사후 세계로 나아가는 관문임을 알게 합니다.

'사후생' 연구의 중요성을 구체적으로 열거하면, 첫째, 죽음을
앞둔 사람에게 엄습하는 두려움을 극복할 결정적인 근거가 마
련되었다는 점입니다. 따라서 사후생에 관한 지식은 죽음을 맞
이하는 사람은 물론이고 그 가족, 그리고 그들을 치료하고 보살
피는 사람, 나아가 죽음의 과정과 관계된 모든 사람들이 알아야
할 지식이라 하겠습니다. 결국 이것은 언젠가는 죽음을 맞이하
게 될 모든 사람이 살아 있는 동안에 반드시 알아야 할 지식이라
고 해도 과언이 아닙니다.

둘째, 그것이 우리가 가치 있고 의미 있는 삶을 살아갈 수 있
도록 자기 성찰을 하는 데 도움을 준다는 점입니다. 칼 구스타

---

* 앞의 〈부록: 현대 의학계의 사후생 연구 고찰〉 참조.

프 융은 "사람은 사는 동안에 '사후생'에 대해 이해하거나 최소한 개념을 가질 수 있도록 최선을 다해야 한다. 그렇지 못하면 그것은 아주 결정적인 손실"*이라 단언하고, '사후생'에 대한 지식의 필요성을 강조한 바 있습니다.

최준식 교수도 사람은 누구나 사후 세계에 대비해야 한다고 이야기합니다. 그는 『너무 늦기 전에 들어야 할 죽음학 강의』에서 자신이 세상 사람들에게 갖는 중대한 의문 중에 하나가 "사람들이 사후 세계에 대한 관심을 갖지 않는다는 점"**이라고 지적합니다. 그는 "사후 세계가 있다고 믿고 준비하면 어떤 경우의 수가 되든지 문제가 없다"고 하면서, "사후 세계가 존재하지 않는다면 어차피 없는 것이니 문제가 없을 것이고, 반대로 사후 세계가 존재한다면 준비를 다해 놓았으니 문제가 없기 때문에 사후 세계를 공부하는 것이 바람직하고 필요하다"고 말합니다.***

죽음을 극복할 수 있는 두 번째 중요한 방법이 있습니다. '죽음이 주는 지혜'을 찾고 내면화하는 것입니다. 이 지혜가 중요한

---

* 앞의 『의사들, 죽음을 말하다』, p. 141.
** 앞의 『너무 늦기 전에 들어야 할 죽음학 강의』 p. 57.
*** Ibid., pp. 58-59.

삶이 묻고 죽음이 답하다

이유는 '죽음의 자리'에서 나오는 지혜가 죽음을 극복하는 두 번째의 방법을 우리에게 알려주기 때문입니다. 이에 대해서는 다음 장에서 본격적으로 논의하고자 합니다.

우리에게
우리 날 계수함을 가르치사
지혜로운 마음을 얻게 하소서

- 시편 90:12

제3장

죽음과
지혜

죽음이 주는 지혜

죽음 극복 방법, 지혜

스티븐 케이브의 『불멸에 관하여(IMMORTAL)』는 불멸을 향한 인간의 끊임없는 도전의 역사를 20년 동안 연구한 성과물입니다. 그는 특히 죽음의 필연성이 인류 발전과 어떠한 관계가 있는가에 대해 분석했습니다.

유사 이래 인간은 끊임없이 그리고 수많은 방법을 동원하여 죽음을 극복할 방법을 찾아왔습니다. 하지만 스티븐 케이브가 지적한 대로 그것은 인간이 죽음을 정복하여 불멸의 존재가 되는 것이 불가능하다는 것을 확인하는 역사였습니다. 그렇지만 불멸의 성취 여부와 관계없이, 이러한 노력이 의외로 인류 문화의 발전, 과학의 진보, 경제 성장을 이끄는 긍정적인 역할을 했습니다. 죽음과의 싸움에서 이기기 위한 인간의 몸부림이 뜻밖에도 인류 문명의 발전에 이바지했다는 것입니다.

더불어, 그는 설령 과학의 비약적인 발전으로 인간이 죽음을 정복할 수 있다 할지라도, 그 순간에 인간 세계는 멸망할 수밖에 없다고 예언합니다. 그는 인간이 죽음을 정복한다면 벌어질 여러 시나리오를 서술하고, 오히려 죽음이 있어야 인류의 멸망, 문명의 종말을 막을 수 있다고 주장합니다.

그러면서 스티븐 케이브는 그의 책에서 인간에게 죽음을 정복하는 것보다 더 중요한 것은 죽음을 극복하는 것이며, 그 방안으로 '지혜'를 제시합니다. 불멸에 관한 자신의 연구 결론이자 마지막 장의 제목인 '지혜 이야기'에서, 지혜가 불멸에 관한 결론이 될 수밖에 없는 이유를 이렇게 썼습니다.

"불멸 이야기에 대한 강력한 대안으로 지혜의 이야기가 있다."[*]

인간이 죽음을 극복하는 최선의 방법은 결국 '죽음이 주는 지

---

[*] 앞의, 『불멸에 관하여: 죽음을 이기는 4가지 길』, p. 382.

혜'에 귀 기울이는 데 있다는 것을 말한 것입니다.

저는 죽음을 극복하기 위한 방안으로 제시된 스티븐 케이브의 놀라운 통찰을 적극적으로 수용하면서도 그가 다하지 못한 죽음이 들려주는 지혜에 대한 연구를 계속해 보려고 합니다. 그리고 이를 위해 다시 '지혜의 자리'를 찾아가고자 합니다. 그 자리에서 죽음이 사람들에게 알려주는 지혜들을 찾아보고, 그것들이 죽음을 극복하는 데 어떤 도움을 줄 수 있는지에 대해 살펴볼 것입니다.

스티븐 케이브가 강조했듯이 '죽음의 자리'는 곧 지혜가 솟아나오는 자리입니다. 인간에게 죽음이 있기에 '죽음의 자리'에서 죽음을 극복하는 길을 찾을 수 있게 하고, 가치 있는 삶에 도움을 주는 지혜들을 확인해 보려 합니다.

2

✦

죽음의 자리, 지혜의 자리

죽음이 가르쳐 주는 지혜로 살기

『모리와 함께한 화요일』에서 모리 교수는 그의 제자에게 삶과 죽음의 관계를 이렇게 설파합니다: "어떻게 죽어야 할지를 알면 어떻게 살아야 할지를 알 수 있다."*

또 프랑스의 역사학자 필립 아리에스(Philippe Ariès)가 '삶과 죽음의 연관성'을 말하기 위해 인용한 시구(詩句)에는 이런 대목이 있습니다: "행복하게 죽기 위해서는 사는 법을 알아야 하고, 행복하게 살기 위해서는 죽는 법을 알아야 한다."

---

* 미치 앨봄, 공경희 역, 『모리와 함께 한 화요일- 살아 있는 이들을 위한 열네 번의 인생 수업』(살림출판사, 2010) 참조.

서울대병원 윤영호 박사도 『나는 죽음을 이야기하는 의사입니다』에서 삶과 죽음의 관계를 이렇게 표현했습니다: "죽음이라고 쓰고 삶이라고 읽는다."*

삶과 죽음! 이 두 가지는 동전의 양면처럼 떼려야 뗄 수 없는 관계입니다. 간단한 한 줄의 글 속에 깊은 의미가 함축되어 있습니다. 죽음을 알면 삶을 알 수 있고, 죽음이 주는 지혜를 깨달으면 삶의 의미와 가치를 깨닫게 된다는 뜻입니다.

인간의 삶 전체를 제대로 볼 수 있는 자리, 그리고 삶의 가치와 의미를 제대로 깨달을 수 있는 자리, 그 자리가 바로 '죽음의 자리'입니다. '죽음의 자리'에서 들려오는 소리를 자세히 들어보면 그 속에 모든 사람들이 살면서 의미 있고 가치 있는 인생을 만들 수 있는 지혜가 들어 있음을 발견하게 됩니다.

그러므로 '죽음의 자리'에서 들려오는 메시지에 귀를 기울여야 합니다. 그 메시지가 우리 삶을 이끌어주기 때문입니다. '죽음의 자리'에서 들려오는 한숨 소리를 들으면, 지금 내 삶의 자세에 부족한 것이 무엇인지를 파악할 수 있습니다. 또 거기에서 아쉬워하는 소리가 들린다면, 곧 내가 해야 할 일 중에 아직 못다 한 일

---

* 윤영호, 『나는 죽음을 이야기하는 의사입니다: EBS 〈명의〉 윤영호 박사가 말하는 삶의 아름다운 마무리』(컬처그라퍼, 2012), p. 130.

삶이 묻고 죽음이 답하다

이 어떤 것인지를 알게 됩니다. 그러기에 삶의 바른 길을 제대로 알고 내 삶을 의미 있고 가치 있는 것으로 만들 수 있는 지혜의 보물창고가 곧 '죽음의 자리'라고 할 수 있습니다. 어떻게 해야 행복하고 의미 있게 사는 것인지, 그리고 어떻게 살아야 삶의 순간순간이 기쁨이고 감사이며 축복인지를 '죽음의 자리'에서 깨닫는 지혜가 가르쳐 주기 때문입니다.

이율배반적이기는 하지만 죽음의 두려움과 죽음으로부터 얻는 지혜는 똑같이 '죽음의 자리'에서 생성됩니다. 죽음이 인간에게 근원적인 두려움을 주기도 하지만 반면에 인간의 삶을 풍성하고 성숙하도록 합니다.

이러한 죽음의 이중성에서 우리는 죽음을 극복할 단초를 발견하게 됩니다. '죽음의 자리'에서 들려오는 지혜 속에 죽음을 극복할 비법이 담겨 있습니다. 이 지혜는 인생에 있어 생물학적으로 불멸의 존재가 되는 것보다 더 중요한 것이 무엇인가를 우리에게 알려줍니다.

죽음이 가르쳐 주는 지혜로 살아가는 사람은 죽음을 두려워하지 않습니다. 설령 오늘 죽음이 나에게 찾아온다 할지라도 한탄하거나 아쉬워하거나 두려워하지 않게 됩니다. 그는 죽음의 자리에서 가르쳐 준 지혜의 눈으로 인생을 바라보며 죽음 너머의 삶을 살아갑니다. 아까운 인생의 시간을 낭비하지 않고 매 순간을 감사로 살아갑니다. 그래서 죽음 앞에 당당할 수 있습니다.

'죽음의 자리'에서의 들려오는 지혜를 내면화하면 우리를 괴롭히고 고통스럽게 하던 죽음이 아무것도 아니라는 것을 알게 됩니다. '죽음의 자리'에서 우리는 '어떻게 살아야 아름답고 행복하게 사는 것인가?' 하는 본질적인 질문의 답을 비로소 찾을 수 있게 됩니다.

이렇듯 죽음이 주는 지혜는 죽음을 뛰어넘게 합니다. 그래서 죽음의 두려움에 속박될 때 겪게 되는 고통으로부터 벗어나는 것은 물론, 인생을 아름답고 행복하게 살아갈 수 있게 합니다. 우리는 죽음을 극복할 좋은 방법을 여기에서 찾을 수 있습니다. '죽음의 자리'에서 들려오는 지혜를 가슴에 담고, 그 지혜가 가르쳐주는 길로 하루하루 걸어가기만 하면 됩니다.

죽음과 지혜의 관계를 김균진 교수는 다음과 같이 간명하게 설명합니다: "삶 한가운데서 자신의 죽음을 의식하는 것 자체가 하나의 지혜이다."*

---

* 앞의 『죽음과 부활의 신학: 죽음 너머 영원한 생명을 희망하며』, p. 109.

3

✦

죽음의 자리에 서 있는 사람들

죽음 앞에서 삶을 돌아보다

'죽음의 자리'에 서면 두 종류의 사람들을 보게 됩니다.

첫 번째는 죽음 앞에 선 사람들입니다. 이 땅에서 살다가 죽음을 앞둔 사람들입니다. 이들은 살아오는 동안 자신이 하고자 했으나 하지 못한 것이 무엇인가를 우리에게 알려줄 뿐 아니라, '죽음의 자리'에서 비로소 알게 된, 인생에서 중요한 것이 무엇인지에 대해서도 이야기합니다.

죽음학 창시자 엘리자베스 퀴블러 로스(Elisabeth Kübler-Ross)는 『인생수업』에서 "죽음을 앞둔 사람은 내일이 없으므로 더 이상 많은 것을 추구하는 게임을 할 수가 없습니다. 그들은 오늘 가

119
제3장 죽음과 지혜

진 것만으로도 충분하다는 걸 깨닫게 됩니다."*라며 "삶의 끝에서 아무도 당신에게 당신이 얼마나 많은 학위를 가졌으며 얼마나 큰 집을 가지고 있는지, 얼마나 좋은 고급차를 굴리고 있는지 묻지 않습니다. 중요한 것은 당신이 누구인가 하는 것입니다. 이것이 죽어 가는 사람들이 당신에게 가르치는 것"**이라고 합니다. 그러면서 죽음을 앞둔 사람들로부터 '사랑, 감사, 용서 그리고 날마다 삶을 진실하게 살아가는 것'을 배울 수 있다고 강조합니다. 또한 그녀는 이렇게 말합니다: "죽음을 눈앞에 둔 사람은 우리가 삶에서 놓치지 말아야 할 가장 중요한 배움을 일깨워 주는 스승입니다. 삶의 종착점에 이르렀을 때라야 삶을 가장 분명하게 볼 수 있기 때문입니다."***

죽음 앞에 선 사람들은 삶을 분명하게, 그리고 전체적으로 볼 수 있는 이들이기에, 그들의 말 한마디 한마디는 살아가는 다른 사람들이 알아야 할 지혜가 됩니다. 그들이 전하는 지혜에 귀기울이고 그 지혜로 살아간다면, 우리는 삶의 의미를 깊이 깨닫고 삶의 가치를 한층 높여, 두려움과 후회 없는 삶을 살 수 있게

* 엘리자베스 퀴블러 로스, 류시화 옮김, 『인생수업(Life Lessons)』(이레, 2007), p. 115.
** *Ibid.*, p. 105.
*** *Ibid.*, p. 266.

될 것입니다.

'죽음의 자리'에서 보게 되는 두 번째 부류의 사람은 죽음을 경험한 이들입니다. 이들은 죽었다가 다시 살아나 '임사체험자'라 불립니다. 이들의 경험은 살아 있는 사람들에게 소중한 정보를 제공합니다. 우선, 이들은 자신들이 죽은 직후부터 경험한 죽음의 과정과 죽음 이후의 세계에 대한 정보를 전해줍니다.

또한 이들은 죽음 경험 이후 자신들의 삶을 완전히 긍정적으로 바꾸었다는 사실을 온몸으로 알려줍니다. 이들의 경험에 대한 연구 결과를 보면, 죽음을 체험하기 이전과 이후의 삶의 모습이 완전히 달라졌음을 알 수 있습니다. 그들은 죽음 체험 이후 살아가는 삶의 모습에서 '인생에 진정 소중한 것이 무엇인가?'에 대해 깨달은 바를 우리에게 전해줍니다.

죽음 앞에 선 사람들을 대변하여 그들이 깨달은 바를 적극적으로 알려주는 사람들이 있습니다. 죽음 앞에 선 사람들과 함께 생활하면서, 그들의 이야기에 귀 기울이는 사람들, 즉 호스피스 일을 하는 의사나 간호사들, 그리고 간병인들입니다. 이들은 죽음을 앞둔 사람들과 가족보다 더 가까이 있으면서 삶의 마지막 시간 대부분을 함께 하는 사람들입니다. 그래서 '죽음의 자리'에 있는 사람들이 진정으로 바라고 원하는 것이 무엇인지, 그리고 앞으로 세상을 더 살아갈 사람들에게 전하고 싶은 참 지혜가 무엇인지를 낱낱이 알고 있는 사람들입니다. 이들이 호스피스 일을 하는 가운데 보고, 듣고, 메모한 것을 정리한 책들을 보면, 죽음 앞에 선 사람들의 바람이 무엇이었으며, 마지막 순간에 후회하는 것이 무엇인지 알 수 있습니다.

호스피스 일에 헌신한 카렌 와이어트, 일본 최연소 호스피스 전문의 오츠 슈이치, 호스피스 간호사로 오랫동안 중증 환자들을 위해 일한 트루디 해리스, 세계 최고의 호스피스 전문의로 20년 가까이 중환자를 돌보고 30년 넘게 호스피스와 고통완화의료 분야에 종사한 아이라 바이오크, 오스트레일리아의 요양원에서 말기 환자들을 돌본 간병인 브로니 웨어, 스승과의 대화를 책으로 엮은 미치 엘봄 등 수많은 의사와 간호사 혹은 간병인들이 자신의 책을 통해 죽음 앞에 선 사람들이 전하는 삶의 지혜를 증언합니다.*

---

* 다음의 책을 참조 바람. 카렌 와이어트, 이은경 옮김, 『일주일이 남았다면-죽기 전에 후회하는 7가지』(예문, 2012). 오츠 슈이치, 황소연 옮김, 『죽을 때 후회하는 스물다섯 가지』(아르테, 2015). 트루디 해리스, 정경란 옮김, 『죽는 순간, 사람들이 바라는 것』(브렌즈, 2010). 아이라 바이오크, 곽명단 옮김, 『아름다운 죽음의 조건』(도서출판 물푸레, 2010). 원제는 『The Four Things That Matter Most - A Book About Living』이다. 브로니 웨어, 유윤한 옮김, 『내가 원하는 삶을 살았더라면』(피플트리, 2013) 앞의 『모리와 함께한 화요일』.

국내에도 호스피스 완화의료센터 의사로서 2000여 명의 임종을 지켜본 염창환 교수, 18년 동안 호스피스 간호사 생활을 한 최화숙 교수 등이 저술한 책들은 죽음을 앞둔 사람들이 말하는, 인생에서 소중한 것이 무엇인지를 알려주고 있습니다.*

죽음 앞에서 삶의 지혜를 말하다

죽음 앞에 선 사람들이 전하는 이야기를 들어보면, 놀랍게도 동서와 신분의 차이를 막론하고 거의 비슷한 가치를 말합니다. 그것은 '사랑, 감사, 나눔, 용서, 겸손, 친절, 행복, 꿈, 축복, 포용, 열정과 성실, 여유, 삶과 죽음의 의미를 깨달음, 신의 세계를 앎' 등입니다.

죽음을 앞둔 사람들은 자신의 삶을 돌아보면서, 일생 동안 제때 하지 못했거나 부족했던 것들, 그래서 후회하거나 아쉬워하는 것들이 정작 인생에서 중요한 것임을 우리에게 알려주고 있습니다. 이들이 전하는 인생의 중요한 것들이 오늘을 살아가는 많은 사람들이 알아야 할 근본적인 삶의 지혜입니다.

---

* 다음의 책을 참조 바람. 염창환, 『한국인, 죽기 전에 꼭 해야 할 17가지』(21세기북스, 2010). 최화숙, 『아름다운 죽음을 위한 안내서』(월간조선사, 2004). 손동인, 『미안하다 … 미안하다 미안하다』(파라북스, 2006).

지금까지 살펴본 죽음 앞에 선 사람들, 즉 죽음을 앞둔 사람들이 알려주는 지혜는 크게 네 가지로 나눌 수 있습니다.

첫째, 살아 있을 때 하지 못했거나 이루지 못한 일을 아쉬워하는 내용입니다. 사는 동안에는 그 가치를 알지 못했는데, 죽음을 앞두고서야 비로소 깨달은 인생의 참된 가치로 '사랑과 감사와 나눔, 그리고 용서와 행복' 등이 그것입니다.

둘째, 살아 있을 때 죽음에 대해 생각하는 것이 필요하다는 것과, 누구에게나 찾아오는 죽음의 순간을 위해 미리 준비해야 할 것들입니다. 그것은 죽음에 대한 공부와 죽음 이후의 세계, 즉 영혼의 세계에 대한 가르침과 깨달음입니다.

셋째, 살면서 자신에게 가치 있고 의미 있는 일을 하지 못한 것과 열정적으로 살지 못한 것, 자신에게 충실하지 못했던 것, 그리고 자기의 꿈을 추구하는 삶을 살지 못한 것 등입니다.

여기서 우리는 중요한 점을 발견하게 됩니다. 죽음 앞에 선 사람들이 알려주는 지혜에는 물질적인 욕심을 채우는 것, 그리고 지식이나 명예·권력에 대한 갈망은 들어 있지 않다는 사실입니다. 사람들은 살아가는 동안, 많은 것이 필요하다고 생각합니다. 그리고 그것을 갖기 위해 불철주야 노력합니다. 하지만 죽음의 자리에서 보면 생존에 필요한 것 이상의 물질이나 권력, 명예나 욕심은 필요 이상으로 추구할 만한 가치가 아니라는 것을 알게 됩니다.

누구나 죽음 앞에 설 때, 후회하지 않고 아쉬워하지 않으며 만족과 감사로 삶을 마무리하고 싶어 합니다. 그러나 대부분의 사람들은 사는 동안에 인생에서 진정 중요한 것을 깨닫지 못했던 것에 대하여 후회하고 아쉬워합니다. 그러므로 이제라도 그것을 깨닫기 원한다면, 우리 모두는 지금 죽음 앞에 서 있는 사람들이 알려주는 지혜를 찾아 나서야 합니다.

넷째, 죽음에 대해 미리 알고 깨닫는 것이 중요하다고 말합니다. 죽음을 앞두고, 사는 동안 깨닫지 못하고 실천하지 못했으며 눈감아 버린 소중한 것을 아쉬워하는 것은 인지상정입니다.

죽음 앞에 서 있는 사람들이 가르쳐 준 지혜의 안경을 쓰고 나의 삶을 보면서 지금이라도 죽음의 자리에 서 있을 자신을 그려 보고 인생의 궤도를 수정해야 합니다. '죽음 이후의 세계'로는 이 세상 그 어느 것도 가지고 가지 못한다는 것을 깨닫는 것이야말로 삶을 의미 있게 만드는 데 필수적인 것임을 알아야 합니다.

죽음 체험으로 삶을 돌아보다

죽음을 앞둔 사람들이나 죽어 가는 사람들이 전해주는 지혜가 있다면, 삶의 의미와 가치를 깨닫게 해주는 또 하나의 '죽음의 자리'가 있습니다. 바로 죽음 체험, 즉 임사체험(臨死體驗, Near-

Death Experience)의 자리입니다. 임사체험자들은 자신의 체험을 통해 알게 된 삶의 의미와 가치를 생생히 증언하면서, 임사체험 이후로는 이전과는 전혀 다른 긍정적인 삶의 태도를 보입니다. 이렇게 삶의 태도에 변화가 일어나는 것은 죽음 체험을 통해 얻은 깨달음 때문입니다. 무엇이 삶에서 중요한가를 죽음 체험을 통해 깨닫게 된 것이지요.

임사체험에 대한 의학계의 심층 연구는 우리에게 여러 의미 있는 내용을 알려주고 있습니다. '임사체험자들의 삶의 변화에 대한 연구'는 죽음 체험이 그 체험자의 삶에 어떠한 영향을 주는 가에 초점을 맞춰 진행된 것입니다.* 이 연구 결과를 통해 우리는 또 하나의 죽음의 자리에서 들려주는 삶의 지혜를 얻을 수 있습니다.

이 분야의 연구가 어떻게 진행되었는지 간략하게 살펴보겠습니다. 레이먼드 무디(Raymond Moody)는 『다시 산다는 것』에서 "죽음을 체험하고 다시 살아난 사람들은 삶이 확장되고 심화되었으며, 철학적으로 깊이 성찰하게 되었다. … 임사체험자들이 현실세계로 돌아온 후, 생활 태도나 접근 방법이 달라지고 그들의

---

* 이에 대해서는 이 책 〈부록1: 현대의학계의 사후생 연구 고찰-임사체험 연구를 중심으로〉의 제6장에 자세히 소개한다.

삶을 더욱 소중하게 생각하게 되었다"고 이야기합니다.[*]

제프리 롱(Jeffery Long)은 "임사체험자들의 삶이 임사체험 후에 180도로 바뀌었다. … 영성이 더 강해지고, 삶의 신성함에 대한 믿음, 신의 존재에 대한 신념, 삶의 의미나 목적에 대한 인식 등을 포함하여 더 종교적이거나 영적인 모습을 보였다."[**]고 말합니다.

이러한 선구적인 연구 결과가 발표된 후 임사체험이 생환자의 인생에 끼치는 영향에 대한 연구가 더욱 본격화되었습니다. 미국 코네티컷대학교 심리학과 교수 케네스 링(Kenneth Ring)은 이전의 연구들보다 더 풍부하고 객관적인 자료를 토대로 임사체험자의 변화된 삶의 모습을 연구하였는데 그 결과를 요약하면 다음과 같습니다.[***]

첫째, 삶에 대한 인식이 고양됩니다. 일상생활 속에서 그 이전과 다르게 큰 기쁨을 느끼며 살아간다는 것입니다.

---

[*] 레이먼드 A 무디 주니어, 주진국 옮김, 『다시 산다는 것(Life After Life: The Investigation of a Phenomenon-Survival of Bodily Death)』(행간, 2007), pp. 100-101.

[**] 제프리 롱, 폴 페리 공저, 한상석 옮김, 『죽음, 그 후(Evidence of the Afterlife): 10년간 1,300명의 죽음체험자를 연구한 최초의 死後生 보고서』(애이미팩토리, 2010), pp. 201-202.

[***] Ring K., 『Lessons from the Light: What we can learn from the near-death experience』, Moment Point, 1998. 최준식, 『죽음, 또 하나의 세계』(동아시아, 2006), pp. 262-274에서 발췌 요약. 12개 요소를 9개로 재분류함.

둘째, 자아 존중감이 커지게 됩니다. 임사체험자들은 있는 그 대로의 자신을 보면서 매사에 긍정적이고 적극적으로 행동하며, 행복감을 더 느끼며 살아간다는 것입니다.

셋째, 다른 사람에 대한 존중감이 커지게 됩니다. 따라서 봉사의 중요성을 더 크게 느끼고, 봉사·헌신하고자 하는 마음이 억누를 수 없을 정도로 왕성해진다고 합니다.

넷째, 생명에 대한 존중감이 생겨서, 모든 생명이 가치 있음을 알고 지구의 생태 문제에 관심을 갖고 적절하게 행동하게 됩니다.

다섯째, 물질주의와 경쟁주의에서 이탈하여 정신적 가치와 소박한 삶, 협동과 상생을 추구하는 사람이 됩니다.

여섯째, 영성의 심화를 추구하고 경험하며 신에 대한 믿음이 더욱 공고해집니다. 임사체험 후 한층 영적인 신앙생활을 하게 된다는 것입니다.

일곱째, 지식에 대한 강한 갈증을 느껴, 공부에 매진하게 됩니다.

여덟째, 삶의 목적의식이 분명해지면서 죽음에 대한 공포로부터 자유로워지고, '사후생'을 확신하며 살아가게 됩니다.

아홉째, 의식의 변화는 물론 몸에도 변화가 나타나며, 일부는 초능력을 발휘할 수 있게 됩니다.

링의 연구 이후 임사체험자들의 삶의 변화를 추적 조사하는 새로운 연구가 시도되었습니다. 네덜란드의 심장외과 의사 핌 반 롬멜은 임사체험자들의 삶의 변화를 일정 기간 동안 지속적으로 추적 조사하였습니다. 그는 '소생 후 2년과 8년의 시점'에서 임사체험자들의 삶의 변화 양상을 추적 조사한 결과를 보고하면서 임사체험자들의 임사 경험은 그들의 인생관이나 가치관이 긍정적으로 확연하게 바뀌도록 영향을 주고 있음을 보여주고 있다고 발표하였습니다. 이를 구체적으로 살펴보면 다음과 같습니다.

첫째, 임사체험자들은 사회적으로 다른 사람들과의 관계를 중시하게 되며, 타인에 대한 배려와 이해가 훨씬 높아졌습니다. 또 사랑과 타인에 대한 공감 능력이 임사체험 전보다 커지고 깊어졌습니다.

둘째, 임사체험자들은 보통 사람들과 비교할 때, 인생의 의미에 관심이 높아지고 그것을 공부하는 경우가 많아졌습니다.

셋째, 임사체험자들은 보통 사람들에 비해 종교적 태도에서 영적인 관심 정도가 세 배 이상 커지는 경향을 보였습니다.

넷째, 임사체험자들은 일상적이며 작은 일에 감사하는 마음과 그것을 표현하는 경우가 많아졌습니다.

다섯째, 임사체험 이후의 삶의 변화는 일시적인 것이 아니라 그 영향이 일생 내내 계속되는 것을 알 수 있었습니다.

'임사체험자들의 삶의 변화 연구'는 아시아권의 일본이나 대만에서도 진행되고 있습니다. 1980년부터 국제임사체험연구회를 설립해 임사체험 연구를 현재까지 이어오고 있는 일본 교토대 칼 베커 교수는 "임사체험으로 인해 체험자들의 삶에 많은 변화가 일어났음을 발견할 수 있었다"*는 자신의 연구 결과를 발표하였습니다. 그는 체험자들의 삶의 태도가 대체로 긍정적인 쪽으로 변화된 것을 발견하게 되었는데, 그 이유는 죽음에 대한 두려움이 사라졌기 때문이라고 밝혔습니다.**

임사체험자들의 삶의 변화를 연구한 결과에 대해 제프리 롱은 이렇게 설명하고 있습니다: "임사체험자들은 아주 잠깐 '죽음 이후의 세계'에 발을 디뎠지만, 그 짧은 시간에 얻은 단편만으로도 수많은 그리고 엄청난 변화의 메시지를 보여주었는데, 이는 그 세계가 얼마나 심오한 것인지 깊이 생각해 보게 하는 강력한 증거이다."***

---

* 앞의 『죽음 - EBS 다큐프라임 생사탐구 대기획』, p. 151.
** *Ibid.*, p. 152.
*** 앞의 『죽음, 그 후』, p. 226.

죽음 체험으로 삶의 지혜를 얻다

다양한 임사체험자의 삶의 변화에 대한 연구 보고에는 삶의 진정한 의미와 가치를 알려주는 귀중한 지혜가 담겨 있습니다.

첫째, 임사체험자들은 대체로 '사랑의 사람'으로 변했습니다. 그들은 이웃을 향한 애정과 그 표현, 즉 봉사와 헌신, 나눔의 중요성을 새삼스럽게 자각하고 그것을 실천하며 살아가고, 모든 생명이 소중하다는 것을 자연스럽게 내면화할 뿐 아니라 그들에게 사랑을 베푸는 사람으로 변화되었습니다.

일상생활과 직업, 그리고 대인관계 전반에서 돈을 최우선 가치로 삼던 사람이 임사체험 후에는 이웃들과 가난한 사람들을 위해 기부하고 나눔을 실천하는 삶을 살아갑니다. 자신의 이익과 안락밖에 모르던 사람이 임사체험 후에는 자신의 행동으로 상처를 받은 사람들을 찾아가 용서를 구하기도 합니다.

둘째, 임사체험자들은 무엇보다 일상에서의 기쁨과 감동 그리고 감사에 충만한 사람의 모습을 보여준다는 것입니다. 그들은 임사체험 후 자연을 돌아볼 때, 또 사람을 만날 때, 인생의 한순간 한순간이 소중하고 기쁘고 감사한 순간이라는 태도를 보입니다. 그래서 자신의 삶을 긍정적인 태도로 임하려 노력할 뿐아니라 매순간 행복에 젖어 삽니다. 주름진 할머니 얼굴에서도 아름다움을 느끼고, 자연의 모든 장면에 감동하는 삶을 살아가는 사람으로 변화되었음을 연구 결과는 전하고 있습니다.

셋째, 임사체험자들은 거의 대부분 물질중심적인 삶에서 영적 가치 중심의 삶으로 전환되었음을 알 수 있습니다. 그들은 신(神)에 대한 믿음이 깊어지고 그에 따라 영성이 더욱 강해졌으며, 안팎으로 경건하고 종교적인 삶을 살아가게 됩니다.

넷째, 임사체험자들은 지식에 대한 강한 갈증을 느끼고 더 많은 것을 알고 깨닫고 싶어 합니다. 이들은 진정 가치 있는 삶이 무엇인지를 더 다양한 관점에서 이해하기를 원하고, 어떻게 살아야 의미 있는 삶을 사는 것인가를 더 왕성하게 공부하려 한다는 것이 연구결과로 드러났습니다.

임사체험자들로 하여금 이러한 삶의 변화를 불러일으키는 근본적인 힘은 무엇일까요? 잠깐이지만 죽음의 경험을 통해 인생에서 중요한 것이 무엇인지를 실제로 체험하고 깨달았기 때문이라고 연구자들은 이야기합니다. 임사체험이 그들의 삶을 변화시키는 힘의 원천이 되고, 그때 깨달은 지혜가 삶의 방향을 가리키고, 그 길로 지속적으로 나아가는 원동력이 되었다는 것입니다.

이러한 임사체험자들의 삶의 변화에 대한 연구로부터 우리는 다음과 같은 지혜의 DNA를 발견하게 됩니다: "사랑, 헌신, 봉사, 용서, 인간관계, 행복, 기쁨과 감사, 감동, 영성, 삶의 의미…."

삶이 묻고 죽음이 답하다

✦

인류의 역사에서 죽음이 가르쳐 준 지혜

죽음의 지혜 1 - 겸손하라

죽음의 경험을 통해 지혜를 얻을 수 있는 자리가 또 있습니다. 바로 인류 역사의 자리입니다. 인류는 오랜 세월 동안 삶의 지혜를 쌓아왔고, 그 지혜를 토대로 역사와 문화를 발전시키며 현재의 문명사회에 이르렀습니다. 특히 죽음과의 싸움 속에서 승리를 얻지는 못했지만 그 가운데 인류는 많은 사회적 발전을 성취하였습니다.*

역사의 단면만 보면, 인간은 죽음과의 싸움에서 연전연패하

---

* 앞의 『불멸에 관하여(IMMORTAL)』 참조. 이 책에서는 죽음을 극복하기 위한 인간의 끊임없는 노력이 인류의 문명을 발전시키는 원동력이 되었다는 점을 자세히 설명하고 있다.

여 단 한순간도 이겨본 경우가 없습니다. 동서고금을 막론하고 죽음과 싸워 이긴 사람도, 문화도 없었습니다. 그에 따라 인류는 오래전부터 '인간은 죽을 수밖에 없는 존재'라는 결론을 내립니다.

인류 역사에 등장하는 수많은 성인과 철인, 영웅에서부터 장삼이사, 필부필부에 이르기까지 인간이라면 누구나 죽음의 영향 속에 살다가 결국에는 죽음 너머로 사라지는 존재였습니다. 이를 다른 말로 표현하면, 모든 사람이 죽음의 쇠사슬에 묶여 살아왔다고 할 수 있습니다.

패배를 모르는 죽음은 인류 역사의 장면마다 언제나 강력한 힘을 과시해 왔습니다. 그리고 늘 승자로 군림했습니다. 죽음과 싸워 승리를 쟁취해 보려 노력한 수많은 사람들이 있었지만 결국은 죽음 뒤편으로 사라졌습니다.

그러나 끊임없이 죽음에게 패배 당하면서도 인류는 한 걸음 한 걸음 새로운 방향으로의 발걸음을 멈추지 않았습니다. 그렇게 지나온 시간들이 역사가 되었고, 그 역사 속에서 사람들은 죽음이 주는 삶의 지혜를 발견할 수 있게 된 것입니다.

인류의 역사에서 죽음이 가르쳐 주는 첫 번째 삶의 지혜는 '겸손'입니다. 이것은 인간 역사의 철칙이자 금언이 된 다음의 명제가 대변해 줍니다: "죽음 앞에서는 모든 사람이 공평하다."

인간에게 죽음이 찾아올 때, 그것은 빈부귀천을 따지지 않습니다. 죽음은 재산의 많고 적음, 신분의 높고 낮음, 지식의 있고 없음은 물론 도덕적 선과 악에도 상관없이 누구에게나 똑같이 찾아옵니다. 그런 연유로 죽음은 절대적으로 공평하다고 말하는 것입니다.

이렇게 죽음은 인류 역사 속에서 모든 사람에게 똑같이 찾아왔습니다. 그러므로 누구나 죽는다는 것을 인정하고, 현실에서의 자기 성취에 취해 오만하고 방자한 태도로 살아서는 안 된다는 것을 가르쳐 줍니다. 죽음의 공평성은 사람들로 하여금 겸손을 익히고 따르도록 해주는 것입니다.

세계 역사상 가장 강력한 대제국을 건설했던 로마 제국은 전쟁의 제국이기도 합니다. 광활한 영토를 지키기 위해 혹은 더 넓히기 위해 싸움을 계속했고, 전투에서 승리하면 장군과 병사들의 사기를 높이기 위해 로마 시내에서 황제가 주관하는 화려한 개선식이 열렸습니다. 그 개선식에서는 승전의 주역인 장군이 얼굴에 신(God)을 상징하는 붉은 칠을 하고 네 마리 백마가 이끄는 전차를 타고 병사들을 뒤따르게 하는 퍼레이드를 펼쳤습니다. 개선장군은 그날 만큼은 살아 있는 신으로 대접을 받은 것입니다.

그러나 단 하루이지만 인간이면서 신으로 숭배받는 영광스러

〈메멘토 모리〉(Memento mori)

운 개선장군의 전차에는, 인간 중에 가장 비천한 자라고 할 수

있는 노예 한 명을 태워, 개선장군에게 끊임없이 이렇게 속삭이

도록 하였습니다:

"메멘토 모리!"(Memento mori)

이 말은 라틴어 '메멘토(memento = remember) + 모리(mori = to die)'

라는 문장으로, "죽음을 기억하라"는 뜻입니다. '개선장군으로

서 지금 신의 대접을 받지만 그러나 너도 죽을 수밖에 없는 인간

임을 잊지 말라'고 끊임없이 경고하는 것입니다. 그리고 그 이면

삶이 묻고 죽음이 답하다

에는 승리에 도취되어 빠질 수 있는 자만심을 경계하라는 뜻이 들어 있습니다. 이처럼, 죽음은 모든 사람을 겸손하게 만듭니다. 사람은 언젠가 죽을 존재이고, 죽을 때 그 사람이 살아 있는 동안 얻은 영광이나 재물, 지위, 명예, 권력, 지식도 같이 끝나고 맙니다. 이것을 아는 사람은 겸손해지지 않을 수 없습니다.

고대 도시 폼페이에서 발굴된 유물 중에 '메멘토 모리(Memento mori)'라고 명명된 모자이크 그림이 있습니다. 기원전 30년에서 서기 14년 사이에 제작된 것으로 추정되는 이 그림을 보면 직각을 이루는 측량자의 추는 해골이며 해골 밑에는 나비와 바퀴가 있습니다. 측량자의 양쪽 끝에는 각각 똑같은 무게의 물건이 매달려 균형을 유지하고 있습니다.

여기서 해골이 의미하는 것은 죽음, 해골 아래 있는 나비는 영혼, 그 아래의 바퀴는 운명을 의미합니다. 측량자 양쪽 끝에 매달린 물건 중 왼쪽에 있는 것은 황제의 홀과 왕관, 보라색 옷(紫衣)으로 부와 권력을 상징합니다. 오른쪽에 있는 것은 거지의 지팡이와 가방, 누더기로 가난을 상징합니다. 측량자에 달린 두 사물의 모습으로, 인간의 명예와 부는 죽음 앞에서는 똑같은 무게라는 것을 보여주고 있습니다.

이 그림은 '이 세상에서 누리는 부와 지위와 권력이 있고 없음이 죽음 앞에서는 똑같다'라는 것을 알려줍니다. 많이 가졌다,

많이 배웠다, 높은 자리에 올랐다, 권력을 쥐었다 해도 결국 죽을 수밖에 없는 존재가 사람이며, 따라서 '겸손하게 세상을 살라'는 가르침을 주고 있는 것입니다. 죽음은 이와 같이 사람들에게 죽음 앞에서 겸손하라는 지혜를 줍니다.

죽음의 지혜 2 - 탐욕과 집착을 버리라

인류 역사에서 죽음이 가르쳐 주는 지혜의 두 번째는 소유와 관련이 있습니다. 죽음은 사람이 이 세상에서 그 어떤 것도 영원히 소유할 수 없다는 것을 가르쳐 줍니다. 그러기에 죽음은 사람들에게 탐욕과 집착을 버리라는 깨우침을 줍니다.

사람은 누구나 빈손으로 태어나 빈손으로 세상을 떠납니다. 내가 소유한 그 어떤 것도, 죽음의 문을 통과하는 순간 모두 이 세상에 남겨 두어야 합니다. 세상에 남겨지는 것은 더 이상 내 것이 아닙니다. 사는 동안 탐욕을 부리고 집착하여 더 많은 것을 소유한다 할지라도, 영원히 그것을 간직할 수 없습니다. 끝없는 욕심으로 재산을 늘리는 데 집착하는 동안, 삶의 본질은 저만치 물러나 있습니다. 죽음에 이르러서야 그것을 깨닫는다면, 허망함만 안고 세상을 떠나야 합니다.

죽은 사람이 입는 옷, 수의에는 호주머니가 없습니다. 그것은 죽은 사람은 가지고 갈 수 있는 것이 아무것도 없음을 나타내는 조상들의 지혜가 담겨 있습니다. 죽음 이후의 세계에서는 돈이나 명예, 지식, 권력과 같은 것이 필요 없다는 뜻입니다.

서방 세계를 정복한 알렉산더 대왕은 죽기 직전에 특이한 유언을 했습니다. 자기 관에 네 개의 구멍을 뚫어 두 손과 두 발을 관 밖으로 내어놓으라는 것이었습니다. 서방 세계를 정복하고 지배한 자신조차도 죽은 후에는 아무것도 가질 수 없음을 후손들에게 보여주기 위함이었습니다.

이처럼, 살면서 필요한 것 이상을 움켜쥐려고 하는 것은 탐욕이고 소유에 대한 허망한 집착입니다. 죽음은 모든 인간들에게 탐욕과 집착을 버려야 한다는 것을 가르쳐줍니다.

탐욕과 집착의 건너편에는 나눔이 있습니다. 죽음이 가르쳐준 지혜의 길을 따라 죽음의 자리에 서게 되면 '자발적 가난'*과 '내려놓음'**이 왜 필요한지를 알게 됩니다.

죽음은 우리가 사는 동안 얻은 것들을 움켜쥐기보다는 그 자리에 내려놓고 사람을 불러 모아 나누게 합니다. 이렇게 탐욕과 집착을 버리고 나눔을 실천할 때, 우리는 평안과 기쁨을 얻을 수 있게 된다는 것이 죽음이 가르쳐주는 두 번째 지혜입니다.

---

* 김영봉, 『바늘귀를 통과한 부자』(IVP, 2003), 참조.
** 이용규, 『내려놓음 - 내 인생의 가장 행복한 결심』(규장문화사, 2006) 참조.

죽음의 지혜 3 - 시간은 소중하다

세 번째 지혜는 '시간의 소중함'입니다. 죽음은 이 세상에서 허락된 시간이 영원하지 않다는 것을 알려줍니다. 따라서 죽음의 의미를 아는 사람은 살아 있는 지금의 모든 순간이 소중하고 귀하다는 것을 알게 됩니다.

오진탁 교수는 『마지막 선물』에서 한 무명작가의 입을 빌려 이렇게 말합니다: "우리가 아무렇지도 않게 사는 오늘은 어제 죽은 사람이 그토록 원했던 눈부신 내일이다."*

이 말은 미국 하버드 대학교의 도서관에 걸려 있는 명언으로 널리 알려져 있기도 합니다. 우리에게 주어진 시간이 가치 있고 소중한 이유는 그것이 유한(有限)하기 때문입니다. 죽음 이후의 세계가 있다고 하더라도, 그것은 현실을 살아가는 인간의 시간과 이어지지 않기에, 지금 여기에서 우리에게 주어진 시간을 얼마나 가치 있게 보낼 수 있느냐 하는 것은 우리의 삶에서 매우 중요합니다.

죽음이 가르쳐 주는 지혜로서의 시간의 소중함을 증언한 수

---

* 앞의 『마지막 선물-웰다잉(Well-Dying), 죽음이 가르쳐주는 삶의 지혜들』, p. 43.

많은 사람 중에 스티브 잡스(Steve Jobs)도 있습니다. 개인용 컴퓨터(PC) 개발을 시작으로 매킨토시 컴퓨터와 스마트폰 시대를 이끈 애플사의 전 CEO 스티브 잡스는 미국 스탠퍼드대학교 졸업식 연설에서 인생의 교훈 세 가지를 이야기했는데, 그중 세 번째가 '죽음'에 관한 것이었습니다.

그는 죽음에 대해 언급하면서 자신이 열일곱 살 때 읽은 "하루하루를 인생의 마지막 날처럼 산다면, 언젠가는 바른 길에 서 있을 것이다."라는 말을 떠올립니다. 스티브 잡스는 이 글에 깊이 감명받고, 그 후 50살이 되는 현재(당시)까지 수시로 거울을 보면서 이렇게 묻고 답한다고 합니다: "'오늘이 내 인생의 마지막 날이라면 지금 하려는 일을 할 것인가? 만약 '아니오!' 라는 답이 계속 나온다면, 다른 것을 해야 한다는 걸 깨달았다."

그러면서 스티브 잡스는 다음과 같이 말했습니다: "인생의 중요한 순간마다 '곧 죽을지도 모른다.'는 사실을 명심하는 것이 저에게는 가장 중요한 도구였습니다. 왜냐하면 외부의 기대, 각종 자부심과 자만심, 수치스러움과 실패에 대한 두려움들은 '죽음' 앞에서는 모두 밑으로 가라앉고 오직 진실만 남기 때문입니다. 죽음을 생각하는 것은 무엇을 잃을지도 모른다는 두려움에서 벗어나는 최고의 길입니다. 여러분들이 지금 모든 것을 잃어버린 상태라면 더 이상 잃을 것도 없기에 본능에 충실할 수밖에 없습니다."

스티브 잡스는 치명적인 암 진단을 받고, 삶의 마지막 시간을 보내는 동안 계속해서 이와 관련된 통찰을 던져 주었습니다. 그는 암 진단을 받고 '죽음이 때로는 인생에 유용하다는 것을 새삼스럽게 깨달았다'면서, 그것은 그 사실을 단지 머리로만 알고 있을 때보다 훨씬 더 정확하고 생생하다고 증언합니다.

계속해서 그는 '이 세상 누구도 죽기를 바라지 않으며 천국에 가고 싶다고 말하는 사람들조차도 지금 당장 죽는 것은 원하지 않는다'는 사실을 상기합니다. 그러나 그는 죽음이 우리의 피할 수 없는 운명이고, 오히려 그렇기 때문에 죽음은 우리 삶이 만든 '최고의 작품'이며 삶의 이면이라고 하면서, 살아 있는 시간을 소중히 여기라고 당부합니다: "죽음이란 삶의 또 다른 모습입니다. 죽음은 새로운 것이 헌 것을 대체할 수 있도록 만들어 줍니다. … 여러분들의 삶은 제한되어 있습니다. 그러니 낭비하지 마십시오."

아직은 죽음과는 거리가 멀어 보이는, 이제 갓 대학을 졸업하는 젊은이들에게 스티브 잡스는 왜 군이 죽음에 대한 이야기를 했을까요? 그는 젊은이라 하더라도, 남아 있는 시간은 결코 긴 것이 아니며, 그러기에 지금 살아 있는 순간이 소중하고 귀하다는 것을 알려주고 싶었던 것입니다. 죽음의 의미를 아는 사람은 살아 있는 모든 순간을 소중하게 여긴 자신의 경험을 말했던 것입니다.

죽음이 가르쳐주는 시간의 소중함을 간절하게 되새긴 사람은 스티브 잡스만이 아닙니다. 인류 역사를 통해 인간은 죽음이 있기에 시간이 소중하고 귀하다는 깨달음을 얻게 되었고, 이러한 깨달음은 사람에게서 사람에게로 전해지면서, 누구나 시간을 아끼는 삶을 살게 하는 지혜를 갖게 했습니다.

죽음의 자리에서 지혜를 모으다

죽음의 지혜는 곧 삶의 지혜

죽음의 자리에서 들려오는 삶의 지혜들 속에 우리는 놀라운 사실을 발견하게 됩니다. 죽음의 자리에 선 경우도, 죽음의 시간도 서로 다르지만, 죽음을 통해 얻는 삶의 지혜는 겹쳐 있거나 중복적으로 나타난다는 사실입니다. 그것은 다음과 같습니다:

사랑, 용서, 감사, 기쁨, 나눔, 봉사, 겸손, 행복, 영성, 신의 가르침, 삶의 의미, 탐욕과 집착 버리기, 시간의 소중함을 깨닫기….

이렇게 어떤 연구자나 어떤 체험자, 그리고 어떤 문화전통에 속한 사람이라 하더라도 유사하거나 똑같은 지혜의 말이 반복

된다는 사실에서, 우리는 인간에게 죽음이 보편적이며 공평한 점에서 정의로운 것처럼, '죽음의 자리'가 다르더라도 죽음에 관한 지혜의 내용은 동일하다는 사실을 확인하게 됩니다.

또 하나 중요한 사실이 있습니다. 그것은 죽음으로부터 들려오는 지혜가 '삶을 위해 열려 있다'는 사실입니다. 죽음의 지혜는 곧 삶의 지혜이며, 모든 사람의 인생을 풍성하고 값지게, 그리고 무엇보다 소중하게 만드는 '보물 같은 선물'이라 할 수 있습니다. 이러한 관점에서 더 많은 재산, 더 편안한 삶, 더 고귀한 명예, 더 많은 지식이 우리 삶의 의미와 가치를 좌우하는 것이 아니라는 것을 다시 한번 확인하게 됩니다.

저는 앞에서 살펴본 '죽음의 자리'에서 들려오는 세 가지 삶의 지혜 모두가 인간의 삶을 값지고 소중하게 만드는, 즉 값진 인생을 만드는 지혜의 재료라고 생각합니다. 하지만 대부분의 사람들은 이러한 값진 지혜에 마음의 문을 열지 않으면서, 의미 없고 유한한 '값싼 인생의 재료'를 가지고 자기의 인생을 멋지게 만들어 보겠노라고 애를 씁니다. 죽음 앞에서 다 사라지고 없어질 것들을 얻기 위해 시간을 허비하다가 죽음이 임박해서야 삶의 의미와 가치를 깨닫고 후회하기에는 인생이 너무 짧습니다.

이제 '죽음의 자리'에서 들려오는 지혜 앞에 정직하고, 겸허하게 서야 할 때입니다.

지혜에 관한 지식이 더 유익함은
지혜가 그 지혜 있는 자를
살리기 때문이니라.

- 전도서 7:12

제4장

지혜와
죽음 극복

인생은 여행이다

죽음 과정은 인생에서 마지막으로 가질 수 있는 성장의 기회

'인생은 여행'이라는 말이 있습니다. 여행을 하다 보면 즐겁고 기쁜 일도 있고, 새로운 것을 보고 느끼는 감동도 있습니다. 하지만 낯선 세계를 여행하다 보면 불편한 일도 있고 두려움을 느끼기도 합니다. 그럼에도 여행을 하는 이유는 여행을 통해 지혜와 깨달음을 얻기 때문입니다.

인생도 마찬가지입니다. 살아가는 동안에 즐겁고 기쁜 일만 있는 것이 아닙니다. 불편하고 힘들 때도 많고, 때로는 고통스러운 시간을 지나야 하는 경우도 있습니다. 그럼에도 인생은 가치가 있고 보람도 있다고 이야기합니다. 인생은 여행과 같아서, 살면서 알지도, 보지도, 깨닫지도 못한 것을 보고, 깨닫는 즐거움과 기쁨을 느낄 수 있기 때문입니다.

'여행(travel)'이라는 단어는 고생 혹은 산고를 의미하는 고대 프랑스 말 'travail'에서 유래했습니다. 또 라틴어 어원은 'trepālium'으로 이 또한 고문하는 도구, 고생, 고난이라는 뜻을 가지고 있습니다. 여행이란 고생을 하면서 얻는 지혜나 깨달음의 과정이라는 뜻이 담겨 있습니다. 괴테는 여행에 대해 이렇게 말합니다: "내가 이 멋진 여행을 하는 목적은 나 자신을 현혹시키기 위함이 아니라 내가 보는 사물들에서 나 자신을 발견하기 위함이다."

그러기에 '여행'을 '인생'으로 등치시켜도 전혀 어색하지 않습니다. 현대소설의 창시자라고 불리는 마르셀 프루스트(Marcel Proust)는 여행에 대해 이렇게 이야기를 했습니다: "발견을 위한 진정한 여행은 새로운 땅을 찾는 것이 아니라, 새로운 안목을 갖는 것이다."

인생 여행은 출생으로부터 시작됩니다. 그리고 인생 여행을 통해 많은 것을 배우고 경험하며 성장합니다. 이렇게 끊임없는 깨달음과 지혜를 얻고 살다가 죽음으로 마치게 되는 것이 인간의 일생입니다. 탄생과 죽음, 이 두 가지가 인생 여행의 출발점이고 종착점입니다. 그러므로 탄생도 죽음도 인생 여행의 한 과정입니다. 이런 점에서 '여행'의 의미를 짚어 보는 것도 의미가 있을 듯합니다.

'여행'과 '관광'이라는 말은 사뭇 느낌이 다릅니다. 관광(觀光)은 '명승(名勝, 뛰어나게 아름다워 이름난 경치)을 보는 것'이고 여행(旅行)은 '나그네 길'을 뜻합니다. 관광은 풍경을 구경한다는 동기와 목적이 뚜렷한 데 비해, 여행은 정해진 목적이나 동기 없이 이곳에서 저곳으로 이어지는 길을 하염없이 이동하는 것이라 동기와 목적이 따로 없습니다. 관광하는 사람은 대개 목적지에 빨리 도착하기를 원하고, 목적지까지 이동은 관광의 전 단계에 불과합니다. 하지만 여행하는 나그네와, 또는 이와 비슷한 '순례자'는 다릅니다. 최종 목적지에 집착하지 않습니다. 그곳으로 가는 과정에서 무언가를 배우기를 기대합니다. 그 여정에서 자기 삶의 의미를 찾고 새로운 경험을 할 수 있다면 만족합니다. 여행자, 순례자에게는 여정이 수단이 아니라, 그 자체로 목적인 것입니다.

인생길을 걸으면서 죽음을 객관화하며 살아가는 사람이 있는가 하면, 죽음을 주관화하며 살아가는 사람이 있습니다.

'죽음이 언젠가는 나를 만나러 온다. 그러나 지금은 아니다'라는 관점을 가지고 살아가는 사람은 죽음을 객관화하는 사람입니다. 이들은 죽음을 다른 사람에게만 존재하는 것이며, 나하고는 상관없다고 여기며 살아갑니다. 다른 사람의 죽음을 보면서 죽음의 존재에 대해서는 인정하면서도 정작 그 죽음이 나하고는 상관없는 것이라고 생각합니다. 그래서 인생을 '관광'하며 살아갑니다. 반면에 죽음을 주관화하며 사는 사람은 '죽음이 오늘이라도 나에게 찾아올 수 있다'는 관점을 가지고 하루하루 살아 있는 것에 감사하며 지내는 사람입니다. 이들은 삶과 죽음이 동전의 양면과 같아서 삶이 있는 곳에 죽음이 함께 있음을 잊지 않고, 죽음이 주는 지혜를 깨닫고 그것으로 날마다 감동의 시간을 살아 갑니다. 그리고 죽음과 동행하며 그에 대하여 공부하고 인생의 참 가치가 무엇인지를 항상 묵상하면서 인생길을 걸어갑니다. 이들은 인생을 '여행'하며 진정한 삶의 가치와 기쁨을 누리며 사는 사람들입니다.

사람은 누구나 '인생 여행'을 하면서 수많은 경험을 통해 지혜와 깨달음을 얻는 존재이고, 인생 여행의 마지막 구간인 죽음의 과정에서도 인생수업은 계속됩니다. 그래서 죽음의 순간까지 깨달음으로 성숙할 수 있는 존재가 인간입니다. 인생 여행을 마무리하는 시간인 죽음의 과정은 인생에서 '마지막으로 가질 수 있는 성장의 기회*입니다.

인간은 탄생에서 죽음에 이르기까지 삶 전체를 통해 끊임없이 깨닫고 지혜를 구하는 존재임을 알아야 합니다.

---

* 앞의 『한국인의 웰다잉 가이드라인』, p. 55.

2

✦

지식과 지혜

후회 없는 삶을 위하여

사전적으로 '지혜(智慧)'는 '사물의 이치나 상황을 제대로 깨닫고, 그것에 대처할 방도를 생각해 내는 정신의 능력'이고, '지식(知識)'은 '교육이나 경험 또는 연구를 통해 얻은 체계화된 인식의 총체'입니다. 즉 지식은 어떤 사실이나 실체에 대해 아는 것이고, 지혜는 어떤 사실이나 실체를 통찰하여 얻는 깨달음을 의미합니다. 박경철은 『자기혁명』에서 지식과 지혜에 대해 그것을 얻는 방법의 차이로 구분하여 설명합니다.* 즉 지식은 책과 스

---

* 박경철, 『시골의사 박경철의 자기혁명』(리더스북, 2011) 참조.

승으로부터 배우는 것이요, 지혜는 삶을 통해서 쌓아가는 것입니다.

차동엽 신부는 이렇게 설명합니다.

여러분, 지식과 지혜의 차이는 이겁니다. 길을 가다 우연히 만원짜리 지폐 한 장을 발견했다 치죠. 여기서 '엇! 웬 돈 만원이냐!' 하고 그 종이가 '만 원'임을 알아보는 것이 지식이라면, '야, 오늘 운 좋은데! 이 돈으로 무얼 하지?'와 같이 그 '만원의 가치'를 알아보는 것이 지혜입니다.*

차동엽 신부의 글에는 다음과 같은 뜻이 담겨 있습니다. '삶의 가치와 의미 혹은 인생의 진정한 행복이 무엇인가를 주로 이야기한다면 이는 지혜로 살아가는 것이고, 사회의 여러 분야에서 성공하는 방법을 주로 이야기한다면 이는 지식에 의지하여 살아가는 것이다.'

현대인은 대부분 살아가는 데 필요한 지식을 쌓는 데 많은 시간과 노력을 투자합니다. '그렇게 지식을 쌓으려고 애를 쓰는 목

---

* 차동엽, 『무지개원리』(국일미디어, 2012), p. 150.

적이 무엇입니까?'라고 물어보면, 행복하고 만족한 삶을 살기 위해서라는 대답을 합니다. 지식을 쌓으면 좋은 일자리를 얻고, 돈을 많이 벌어서, 좀 더 잘 먹고 마시고, 좀 더 잘 놀고 즐기며 살 수 있는 기회가 많아지는 것은 분명합니다. 하지만 그렇게 된다고 해서 행복하고 만족한 삶을 사는 것은 아닙니다. 육신의 편안함만으로 만족할 수 있고 행복할 수 있다면 얼마나 좋겠습니까마는 사람은 동물과 달라서 사는 동안 행복을 느끼기 위해서는 가치와 의미가 있는 삶이 필요합니다.

한마디로 말해 '사느냐 죽느냐'가 아니라 '어떻게(!) 살고 죽느냐'가 사람에게 중요하다는 의미입니다. 우리들의 삶은 분명 사는 것만이 목적이 아닐 것입니다. '삶의 의미와 가치'가 무엇인가를 깨닫고 이를 소중히 여기는 존재가 인간이기 때문입니다. 그렇게 사는 사람이 지혜로운 사람입니다.

지혜롭게 살아야 진정한 삶의 기쁨과 즐거움 속에서 삶의 의미를 만끽할 수 있고, 인생의 여행을 끝내는 순간에도 아쉬워하거나 후회하지 않게 됩니다.

그런 점에서 '죽음의 자리'에서 들려오는 지혜는 우리 인생을 의미 있고 가치 있게 만드는 소중한 선물이라 할 수 있습니다.

3

✦

죽음의 두려움 극복하기

나는 날마다 죽는다

앞장에서 죽음의 자리에서 들려오는 지혜와 인류의 역사에서
죽음이 가르쳐 준 지혜를 살펴보았습니다. 죽음과 관련된 삶의
지혜는 다음과 같은 공통점이 있습니다.

첫째, 물질이나 명예 혹은 권력이나 지식에 집착하는 삶에서
벗어나야 한다는 것입니다. 이러한 것에 집착하면 온갖 싸움과
미움과 시기와 질투, 모함과 증오에서 벗어나기 힘듭니다.

둘째, 육신으로부터 유래하는 탐욕과 집착, 쾌락에서 벗어나
는 것입니다. 인간의 탐욕은 끝이 없습니다. 집착도 마찬가지
입니다. 살면서 아무리 채워도 만족할 수 없는 것만을 추구하다
보면 끝내는 불만족한 삶으로 죽음에 직면하게 됩니다. 하지만

죽음이 주는 지혜는 작은 것에도 감사하고 기뻐하고 만족하며 살 것을 권장합니다.

셋째, 인간에게 허용된 시간은 한정되어 있음을 깨닫는 것입니다. 희한하게도 인간 세상에서 가치 있는 것은 모두 유한한 것입니다. 아무리 좋은 것이라도 그리고 인간이 존재하기 위해 반드시 필요한 것이라 할지라도, 그것이 너무 풍족하고 한정없이 많으면 가치가 없어집니다. 예를 들면 공기나 햇빛은 인간이 살아가는 데 필수적인 것이지만 그러나 누구나 얼마든지 쓸 수 있기에 가치 있게 생각하지 않습니다.

아무리 좋은 음식이라도 또 아무리 맛있는 음식이라 하더라도 날마다 그리고 끊임없이 먹는다고 생각해 보십시오. 그 음식은 맛있는 음식이 될 수 없습니다. 아무리 기쁜 일이 있다 해도 그 일이 끊임없이 반복된다면 기쁜 일이 되지 못할 것입니다.

인간에게 시간이 가치 있는 까닭은 인생이 유한하기 때문입니다. 그렇기 때문에 우리가 살면서 경험하는 모든 것이 소중하고, 만나는 사람마다 귀한 사람이며, 언제까지나 볼 수 없는 자연을 보고 그 아름다움에 감탄하는 것입니다. 신(神)이 인간에게 시간을 한정적으로 허락한 것은 인간에게 더 큰 기쁨과 즐거움과 만족감을 갖게 하기 위한 배려임을 알아야 합니다.

또한 인간에게 허락된 시간이 유한한 탓에 살아 있는 동안 순간순간을 더욱 진실하고 성실하게 살아야 할 뿐 아니라 의미 있고 가치 있게 살아야 한다는 것을 깨닫게 됩니다.

지금까지 살펴본 대로, 죽음이 주는 지혜를 따라 살다 보면, 어느 순간 기적처럼, 우리를 억누르고 두려움에 떨게 하던 죽음이 아무것도 아닌 것을 느끼게 되는 순간이 올 것입니다. 이때가 바로 우리가 찾고자 한, 죽음을 극복하는 순간입니다.

죽음이 주는 지혜로 깨달음을 얻으며 사는 삶은 죽음이 날마다 나에게 찾아올 것처럼 사는 삶입니다. 이를 기독교 성경에서는 '날마다 죽는 삶'이라고 표현합니다. 성경에 보면 사도 바울이 자신의 삶에 대해 신앙적으로 고백하는 내용이 등장합니다.

"나는 날마다 죽노라."(고린도전서 15:31)

죽음이 주는 지혜로 산다는 것은 이 땅에 살아 있으면서 죽음을 그리워하고 죽음을 진리로 삼으며 죽음만을 생각하며 살자는 것이 아닙니다. 그렇게 사는 것은 오히려 죽음과의 싸움에서 지는 것입니다. 죽음을 극복한다는 것은 죽음이 인간에게 더 이상 아무런 의미가 없는 것으로 만드는 것을 뜻합니다.

죽음의 극복! 이 말의 의미는 생물학적인 육신의 존재로 영원히 사는 것을 뜻하는 것이 아니라, 죽음이 주는 지혜에 따라 우리의 삶을 가치 있고 의미 있게 사는 것, 바로 그것입니다. 그러기에 우리는 죽음의 자리에서 들려오는 삶의 지혜에 귀 기울여야 합니다. 그리고 그 삶의 지혜를 가지고 살아야 합니다.

죽음이 주는 지혜를 가지고 살아갈 때만 그것을 극복할 수 있습니다. '절대반지'와도 같은 두려움이라는 무기로 인간의 삶에 강력한 영향을 주는 죽음도 그 자신이 가르쳐주는 지혜로 살아가는 사람에게는 힘을 발휘하지 못합니다.

4

✦

멋진 죽음을 위해 죽음을 준비하라

좋은 죽음을 위한 죽음준비

삶의 마지막 순간을 위해 공부하고 배우는 것을 '죽음준비'라고 합니다. 오진탁 교수는 『마지막 선물』에서 죽음준비를 위한 7조항(단계) 실천 사항을 제시하고 있습니다.*

1. 죽음의 방식을 스스로 묻고 답하라.
2. 사전의료지시서**를 작성해 두라.
3. 다른 세상으로 떠날 준비를 많이 하라.

---

* 앞의 『마지막 선물-웰다잉(Well-Dying), 죽음이 가르쳐주는 삶의 지혜들』 참조.
** 앞의 『한국인의 웰다잉 가이드라인』, p. 118. '사전의료의향서'라고도 한다.

4. 장례 방식과 장기 기증 여부를 결정해 두라.

5. 유서를 미리 써 놓으라.

6. 주변 사람들에게 많은 사랑을 나누라.

7. 항상 웰다잉을 위한 명상을 하라.

죽음준비를 논할 때, '좋은 죽음'이라는 말이 있는데, 이는 구체적으로 '존엄한 죽음*'을 뜻합니다. 존엄한 죽음이라는 용어의 의미는 삶의 마지막 순간까지 인간의 존엄성이 지켜져야 한다는 것입니다. '죽음의 질을 높여야 한다'는 말도 같은 뜻입니다. 다시말해 죽음준비란 존엄하고 질 높은 죽음을 준비하는 일입니다.

존엄한 죽음은 당사자만의 문제가 아니라 가족이나 친지 또는 그와 연관된 사람들과의 관계도 포함하는 개념입니다. 한 사람의 죽음 과정에서 당사자의 존엄성이 지켜져야 함은 물론 그를 사랑하는 가족과 주변 사람도 좋은 이별, 존엄한 이별을 할 수 있어야 합니다. 이것을 '멋진 죽음'이라 명명할 수 있습니다.

한 사람의 죽음은 그와 연관되어 있는 여러 사람에게도 큰 영

---

* 곽혜원, 『존엄한 삶, 존엄한 죽음』(새물결플러스, 2015) 참조.

향을 끼칩니다. '멋진 죽음'은 개인에게도 좋은 죽음일 뿐 아니라 그 죽음을 지켜보는 사람들에게도 감동과 여운을 남기는 죽음입니다. 한 죽음의 주인공이지만, 죽음 과정에서 내 죽음의 조연으로 남아 있는 사람들에게 인생의 의미를 깨닫게 해주고 좋은 죽음의 모습을 보여주는 것이 멋진 죽음인 것입니다.

제가 아는 '멋진 죽음'의 한 사례를 소개합니다. 2012년 4월, 캐나다에 사는 당시 83세의 내과의사 이재락 박사는 토론토의 《한국일보》에 공개편지(장례식 초대장)를 기고했습니다. 편지 제목은 '나의 장례식.' 편지는 "제목이 좀 이상하다. 그러나 이 글의 말미쯤에는 좀 이해가 되리라고 생각한다"는 문장으로 시작하여, 장례식 초청장을 보내는 이유와 속마음을 설명하고 있습니다.

이재락 박사는 살아서 장례식을 하는 이유는 망자가 찬밥 신세인 장례식이 하기 싫어서, 살아 있는 동안 당사자인 나와 따뜻한 밥 한 번 같이 나누자는 마음으로 자기 장례식을 직접 주관했다고 밝힙니다. 보통 장례식장을 보면 빈소에서 '경건 모드'로 조문을 하고 난 다음에는 곧 자리를 옮겨 '사교 모드'를 연출하면서, 망자 '덕분'에 오랜만에 만난 지인과 웃고 떠들며 시간을 보냅니다. 한마디로 죽음의 주인공인 망자는 관 속에 누워 짧은 조문을 받고 나면 여지없이 찬밥 신세가 되고 만다는 겁니다.

이재락 박사는 죽음 당사자가 소외되지 않는 장례식을 치르고 싶다는 생각을 했습니다. '본인이 거동도 하고, 말도 하고 아프지도 않을 때, 지인들과 친지를 모시고 같이 더운 밥 놓고 식사하고 담소하면서 한 인간의 삶의 마무리를 하고 싶다'는 마음으로 자기 장례식을 직접 준비했습니다. 친지, 지인들과 즐겁게 대화도 하고 작별인사를 하는 자리이기에, 이를 장례식이라 해도 좋고 마지막 작별인사 모임이라 불러도 좋다고 말합니다.

이 박사의 당시 나이 83세. 그는 뜻밖에 담낭암(쓸개암) 진단을 받고, '말기 암'이라는 것을 알게 됩니다. 그때까지도 아픈 데도 없고 잠도 잘 자고 있었으니 진단 결과가 믿기지 않았지만, 암 전문의인 아들로부터 얼마 살지 못한다는 말을 듣고, 결국 2012년 6월 9일 12시 연회장 타지(Taji)에서 본인의 장례식을 거행합니다. 장례식에 참석하는 분들에게는 이재락 박사의 바람이 전해졌습니다. 조의금은 일절 받지 않고, 드레스 코드는 양복이나 검은 드레스 대신 야외 소풍에 걸맞은 화사한 옷으로, 부인들은 꽃무늬가 있는 예쁜 옷을 입으면 좋겠다는 내용이었습니다. 이재락 박사가 처음 본인 장례식을 제안했을 때 세 아들은 당황스러웠지만, 금방 그 뜻을 이해하고 협조를 아끼지 않았습니다.

장례식 당일, 이재락 박사가 장례식장 앞에서 '조객'들의 손을 일일이 맞잡으며 반갑게 맞이했습니다. 장례식은 가족 소개와 헌시 낭송, 지인들의 '나와 이재락 박사' 이야기, 색소폰 연주 그리고 아들 삼형제가 말하는 이 박사의 일생 이야기, 마지막으로 장남 성구 씨가 아버님께 바치는 노래로 '내가 걸어온 길'(My Way)을 부르는 것으로 진행되었습니다.

이재락 박사는 이 장례식을 치르고 5개월쯤 뒤, 2012년 11월 중순 세상을 떠나셨습니다. 참 멋진 장례식이라 할 수 있습니다. 무엇보다 '죽음을 극복한 삶'이라고 할 수 있습니다. 그러기에 '멋진 죽음'이라고 단언할 수 있습니다.

좋은 죽음은 언제부터 준비해야 할까요?

사람들은 막연히 인생 여행의 종착역에 내릴 때쯤 죽음준비를 하면 된다고 생각합니다. 하지만 죽음이 임박했을 때는 준비할 수 없습니다. 그저 겪을 뿐입니다. 죽음이 때로는 상당한 시간을 두고 연락을 하는 경우도 있지만, 대부분은 전혀 예상하지 않은 시간에 찾아오기에, 죽음준비는 살아 있는 모든 사람이 평소에 해 두어야 합니다. 이를 위해 꼭 해 필요한 것이 죽음 공부입니다. 죽음 공부는 살아 있는 모든 사람에게 필요하지만, 특히 죽음준비를 하는 사람에게는 필수적입니다.

우리 인생은 이처럼 죽음준비를 하며, 하루하루의 삶을 살아가는 것입니다. 그럴 때 죽음을 멋지게 극복하는 삶을 창조할 수 있습니다. 이것이 '멋진 죽음'을 준비하는 지혜로운 삶입니다.

항상 죽을 각오를 하고 있는 사람만이
참으로 자유로운 인간이다

- 디오게네스

제5장

웰다잉에서
웰리빙으로

✦

웰(Well-being, Dying, Living) 문화

웰빙(Well-being) 문화

인간은 누구나 행복하기를 원합니다. 지금보다 더 건강하고 더 평안하기를 바랍니다. 근심 걱정 없이 하루하루 여유를 누리며 살아갈 수 있기를 기대합니다. 이러한 인간의 기본적이며 본능적인 욕구에 기대어 현대사회에 확산된 것이 웰빙(Well-being) 문화입니다.

'웰빙'은 우리말로 '참살이'라고 번역할 수 있는데, 사전적으로는 "몸과 마음의 평안과 행복을 추구하는 태도나 행동"이라고 설명합니다. 즉 '웰빙'은 "육체적, 정신적 건강의 조화를 통해 행복하고 아름다운 삶을 추구하는 삶의 유형이나 문화를 통틀어 일컫는 개념"이라 할 수 있습니다. 말 그대로 인생(being, 존재)을 건강하게(well, 안락한 만족한) 살아가자는 것입니다.

현대인은 물질적으로 풍요로워졌지만 경쟁이 극심한 산업사회 속에서 정신적으로나 육체적으로 여유와 안정을 빼앗긴 채살아갑니다. 이러한 현대 산업사회의 부작용이 극심해짐에 따라 2000년 이후 육체적, 정신적 건강의 조화를 통해 행복하고아름다운 삶을 추구하고 영위하려는 사람들이 늘어나게 되었습니다.

산업화가 고도화되면서 사람들은 먹고사는 문제를 대체로 해결했을 뿐 아니라 물질적 풍요까지 얻게 됩니다. 하지만 물질적풍요만으로는 인간이 결코 행복해질 수 없다는 것을 깨닫고 정신적으로나 육체적으로 좀 더 여유로움, 즉 웰빙을 추구하게 됩니다. 이는 한국만이 아니라 전 세계적인 현상이라고 할 수 있습니다.

패스트푸드에 반대해 유럽에서 시작된 슬로우 푸드(slow food), 생산력과 성장 위주의 현대 도시를 탈피하는 슬로우 시티(slow city), 고액 연봉도 마다하고 향촌으로 이주하여 전원생활을 즐기는 다운 시프트(downshift) 흐름도 '웰빙'의 다른 형태입니다.

이러한 문화가 포괄적 의미의 '웰빙'이라는 이름을 얻은 것은 2000년 이후부터라고 할 수 있습니다. '웰빙'을 추구하는 사람들은 대체로 고기 대신 생선과 유기농산물을 선호하고, 마음을 안

정시킬 수 있는 명상 · 요가를 비롯하여 육체적 건강과 건전함을 추구하는 운동을 열심히 하며, 외식보다 집에서 만든 슬로우푸드를 먹고, 여행 · 등산 · 독서 등 다양한 취미를 즐기는 생활을 추구합니다.

이러한 '웰빙' 문화가 우리나라에도 2000년대 초반부터 뿌리내리기 시작하였습니다. 건강, 여행, 의료, 채식과 유기농 등 우리 삶의 여러 영역에서 '웰빙'이 강조되었고, 이것이 사회의 여러 영역으로 깊숙이 파고 들었습니다. 건강관리도 하고 여행의 재미를 느낄 수 있는 '둘레길'이 선풍적인 인기를 끌며 속속 만들어졌으며, 자연 휴양림이 곳곳에 조성되었습니다. 식단에서도 유기농 제품들에 대한 관심이 높아졌습니다. 또한 건강에 좋은 각종 운동들이 강조되면서 관련 시설이 폭발적으로 늘어나기 시작했습니다.

웰다잉(Well-Dying) 문화

우리나라에도 '웰빙' 문화가 전파 · 확산 · 정착되면서 사람들의 삶에 많은 변화를 가져왔습니다. 삶의 목적과 방식이 달라지기 시작한 것입니다. 이전까지의 삶에서 우선순위에 둔 것이 물질적 풍요와 사회적 성공이었다면 '웰빙' 문화의 영향으로, 어떻게 사는 것이 인간다운 삶이냐에 대한 관심이 고조되었습니다.

그런데 '웰빙'에 대한 이해가 깊어지면서 '웰빙' 문화가 '죽음'의 영역까지 그 범위를 확장하기에 이릅니다. 살아 있을 때 잘 먹고 잘 사는 문제를 해결하는 것이 전부가 아니라, 인간의 삶이란 죽음까지 포함하기 때문에 존엄한 죽음에 대한 요구가 제기된 것입니다. 그래서 등장하는 것이 '웰다잉(Well-Dying)' 문화입니다. '인간은 죽음을 향해 가는 존재'라고 했던 하이데거의 말처럼 죽음이 삶의 한 영역이라면 죽음의 과정까지도 행복할 필요가 있다고 보고, 웰다잉의 중요성에 주목하기 시작한 것입니다.

특히 우리나라에서 많은 사람들이 '웰다잉'에 관심을 갖게 된 배경을 살펴보면 사회적 변화와 맞물려 있음을 알게 됩니다. 우리나라는 1970년대 이후 급격한 산업화의 영향으로 대가족 제도가 무너지고 핵가족화가 급속하게 진행되었습니다. 또한 2000년대 이후에는 인구 노령화로 인한 노인 세대와 1인 가구가 급증하였습니다. 이러한 사회적 변화 속에 자기의 건강과 일상을 스스로 챙기며 노후와 죽음을 준비하는 욕구가 커졌습니다.

의학의 급속한 발달이 가져온 사회적 변화도 '웰다잉' 문화 확산의 중요한 요인입니다. 즉 의학 발달로 평균 수명이 늘어나는 것은 좋은 일이지만, 과도한 또는 무의미한 연명치료로 생명을 연장시킴으로써 '인간답게 살다 죽어 갈 권리'를 빼앗긴 채 병상에서 죽음을 기다리는 것에 대한 거부감이 확산되기 시작한 것입니다.

　이러한 사회적 변화는 자연스레 '웰다잉'에 대한 고민으로 이어졌고, 그에 따라 인간으로서 품위 있게 죽을 수 있도록 돕는 존엄사나 호스피스에 대한 사회적 논의를 촉발시켰습니다. 삶의 풍족함과 여유로움, 그리고 행복을 지향하는 것이 '웰빙'이라 한다면, 살아 있는 동안만이 아니라 삶의 완성인 죽어 가는 과정도 존엄하고 품위 있게 맞이하는 것을 지향하는 것이 '웰다잉'입니다.

　'웰다잉'에 대한 관심이 커지면서 그에 대한 이론적 근거가 되는 '죽음학'에 관심을 갖게 된 것은 당연한 일이었습니다. 2010년대를 지나면서 한국에서는 죽음학에 대한 관심이 높아지고 관련 논문들이 발표되기 시작하였으며, 단행본까지 잇달아 발간되었습니다.

　죽음학에 대한 관심은 자연스럽게 '인간의 삶의 의미와 가치는 무엇인가?'에 대한 고민을 촉발시키게 됩니다. 그러면서 웰다잉을 넘어서는 새로운 문화를 만들어 가고 있습니다. 그것이 '웰리빙'입니다.

웰리빙(Well-Living) 문화
　물질적인 풍족함이나 여유로움 속에 인생을 영위한다는 것은 당장은 좋아 보이지만, 이러한 조건이 행복한 삶으로 직결되는 것은 아닙니다. 좋은 음식을 먹고, 여유로운 생활 속에 운동을 통해 건강하게 산다는 것이 완전한 만족을 보장하지도 않습니다. 살아가는 과정만이 아니라 죽음의 질을 높이는 것도 중요한 일이기에 존엄한 죽음이나 좋은 죽음을 준비하지만, 누구나 평안함 속에서 인생을 마무리할 수 있는 것도 아닙니다.

그런 점에서 웰빙과 웰다잉을 포괄하면서도 그것을 다시 넘어서는 새로운 대안이 필요합니다. 인생의 의미와 가치를 깨달아 진정한 행복이나 기쁨, 평안함을 누릴 수 있도록 도움을 주는 지혜로서 인생을 사는 것이 중요하다는 사실을 인식하기 시작했습니다. 이것이 '웰리빙(Well-Living)'의 시작점입니다.

'웰리빙'에 가장 큰 도움을 주는 것은 뜻밖에도 '죽음의 영역'입니다. '죽음의 자리'에서 들려오는 삶의 근본적인 지혜가 '웰리빙'을 가능하게 합니다. 인생의 본질적인 가치와 의미가 무엇인지를 깨닫고 그 지혜로 살아갈 수 있다면, 우리는 참된 행복을 느끼고 기쁨과 평안이 넘치는 인생을 만들어갈 수 있습니다.

이러한 '웰리빙'을 누릴 때 죽음을 극복하는 삶이 가능해집니다. '웰리빙'의 삶을 지향하는 사람은 언제 어느 때 어떻게 죽음이 찾아온다 하더라도 두려워하거나 염려하지 않습니다. 왜냐하면 죽음이 주는 지혜로 살아가는 '웰리빙'은 날마다 그 삶을 의미 있게 살기 위해 노력하기 때문입니다. 그뿐만 아니라 늘 죽음과 함께 인생을 살기에 언제든지 죽음과 함께 '새로운 여행'을 떠날 준비를 하기 때문이기도 합니다.

죽음을 초월한 삶, 그것이 '웰리빙'의 삶입니다. 이제는 '웰빙'과 '웰다잉'을 넘어서서 '웰리빙'을 이야기해야 합니다.

2

✦

좋은 죽음, 웰다잉(Well-Dying)법

웰다잉법의 탄생

세계적으로 볼 때, 우리나라의 죽음의 질은 상당히 낮은 수준
에 머물러 있었습니다. 그러던 차에 2018년 2월 우리나라에도
죽음의 질을 높이기 위한 법이 제정되었습니다. 이렇게 제정된
법이 '호스피스 완화의료 및 임종 과정에 있는 환자의 연명의료
결정법'입니다. 이를 '존엄사법' 혹은 '웰다잉법'이라고 부르기도
합니다.

이 법의 이름이 지금처럼 길어진 것은 이질적인 두 영역이 하
나의 법으로 입안되었기 때문입니다. 하나는 호스피스 완화의
료에 관한 내용이고 또 하나는 임종 과정에 있는 환자의 연명의
료 결정에 관한 내용입니다. 따라서 이 법을 제대로 이해하려면

두 영역의 법적 개념을 정확하게 인식할 필요가 있습니다.

이 법에서는 '호스피스 완화의료'의 개념을 "말기 환자 또는 임종 과정에 있는 환자와 그 가족에게 통증과 증상의 완화 등을 포함한 신체적, 심리적, 사회적, 영적 영역에 대한 종합적인 평가와 치료를 목적으로 하는 의료"라고 규정하고 있습니다.

그런데 엄밀히 말하면 호스피스와 완화의료는 상당히 다른 의료 영역입니다. 호스피스의 시초는 임종을 앞둔 환자들의 돌봄에서부터 출발했습니다. 반면에 완화의료는 세계보건기구(WHO)에 의하면 생명을 위협하는 질환이나 만성질환을 가진 환자와 가족들의 고통을 줄이고 삶의 질을 개선하는 돌봄을 제공하는 의료를 말합니다. 즉 어떤 병증의 진행 과정, 치료 기간, 완치 가능성 등과 관계없이 환자가 투병 중에 겪는 고통과 삶의 질을 개선하는 데 초점을 맞추는 것이 완화의료입니다.

이 두 개념이 합쳐져서 호스피스 완화의료가 되었고, 그에 따라 이 말은 절충적으로 "호스피스라고 생각되는 시기, 즉 주로 말기와 임종 과정에 있는 환자나 가족에게 제공되는 완화의료"를 의미하게 된 것입니다. 이렇게 두 가지 서로 약간 다른 영역을 하나의 법률로 묶어 제정하게 된 배경이 있습니다.

연명의료에 관한 법률 제정을 추진하면서 연명의료를 중단하거나 유보할 경우에 당연히 말기 환자의 돌봄이 소홀해질 것이라는 우려가 제기되었고, 호스피스와 완화의료는 같이 시행되는 것이 바람직하다는 쪽으로 의견이 모아져, 서로 다른 의료영역이지만 하나로 묶어서 법률을 제정하게 된 것입니다.

여기에 다시 '임종 과정에 있는 환자의 연명 의료' 영역이 추가되었습니다. 이 법을 일명 '연명의료결정법'이라고 부르는데, 여기서 연명의료를 "임종 과정에 있는 환자에게 하는 심폐소생술, 혈액 투석, 항암제 투여, 인공호흡기 착용의 의학적 시술로서 치료효과 없이 임종 과정의 기간만을 연장하는 것"으로 규정하고, '연명의료 중단 등 결정'을 "임종 과정에 있는 환자에 대한 연명의료를 시행하지 아니하거나 중단하기로 하는 결정"이라고 설명하고 있습니다.

다시 말해 연명의료결정법은 "회생 가능성이 없고, 치료에도 불구하고 회복되지 않으며, 급속도로 증상이 악화되어 사망에 임박한 상태", 즉 임종 과정에 접어들었을 때 처음부터 심폐소생술, 혈액 투석, 항암제 투여, 인공호흡기 착용과 같은 생명 연장 의학 시술을 중단하는 것을 환자나 가족이 결정하게 함으로써 사람답게 죽을 수 있는 권리를 보장하려는 법이라 하겠습니다.

위에서 살펴본 것처럼 '호스피스 완화의료 및 임종 과정에 있는 환자의 연명의료결정법'은 서로 다른 세 가지 의학 영역이 하나의 법으로 묶어져 만들어진 것입니다. 이를 내용적으로 분석해 보면 호스피스 완화의료와 연명의료결정 영역으로 크게 나눌 수 있고, 호스피스 완화의료는 다시 호스피스 영역과 완화의료 영역이 합쳐진 개념입니다.

죽음 과정에서 인간으로서의 존엄성이 보장될 수 있도록 돕는 것이 호스피스 완화의료이며, 임종 시에 존엄한 죽음을 맞이할 수 있도록 최종적인 치료-처치 방법을 환자 스스로 결정하는 것이 '연명의료결정'의 내용입니다. 그래서 '호스피스 완화의료 및 임종 과정에 있는 환자의 연명의료결정법'은 환자의 자기결정권에 근거하여 무의미한 연명의료를 중단할 수 있다는 내용을 담고 있을 뿐만 아니라, 죽음의 순간에도 인간의 존엄을 지키며 생을 마감할 수 있도록 도움을 받을 수 있는 법이라고 해서 '웰다잉(Well-Dying)법' 혹은 '존엄사법'이라고 지칭하게 된 것입니다.

웰다잉법 제정의 배경

웰다잉법이 등장하게 된 배경을 이해하기 위해 앞에서 살펴본 배경을 종합적으로 다시 정리해 보겠습니다.

우리는 산업화를 통해 물질적 풍요를 성취하였지만 그것만으로 인간이 결코 행복해질 수 없다는 것을 깨닫고, 정신적 풍요로움에 눈길을 돌리면서 '웰빙' 문화가 등장합니다.

또 '웰빙' 문화에 대한 이해가 깊어지면서, 삶의 질도 중요하지만, 죽음의 과정도 품위 있고 편안할 수 있어야 한다는 차원에서 죽음의 질도 중요하다는 인식이 확산되면서 '웰다잉' 문화가 대두된 것입니다.

사회적 환경 변화의 측면에서 보면 산업사회의 성장에 따라 핵가족화와 1인 가구가 급증하게 되었습니다. 이러한 여건 하에 가족으로부터 소외되어 홀로 죽음을 맞이하는 고독사나 의미 없는 연명치료로 고통받으면서 인간적 존엄성을 상실한 채 병상에서 세월만 보내는 사례가 점점 늘어났습니다. 이는 결국 '인간답게 살다가 죽을 권리'를 빼앗는 문제로 인식되면서 호스피스에 대한 관심이 급격하게 늘어나게 되었고, 웰다잉법이 제정되기에 이르렀습니다.

의학적 측면에서도 웰다잉법은 일찍부터 요구되고 있었습니다. 의료기술이 비약적으로 발전함에 따라 수명은 늘어났지만, 반면에 임종 과정은 더 비참해졌다는 문제가 제기되었습니다. 통계청의 발표에 의하면 2016년 우리나라 총 사망자 28만 명 중 75%인 21만 명이 의료기관에서 사망하였고 그중 80% 이상이 중환자실에서 사망했습니다. 1991년까지만 해도 74.8%가 가정에서 임종한 것에 비추어보면 불과 25년 만에 상전벽해의 변화가 일어난 것입니다.

결국 대부분의 사람이 죽음을 맞이하는 장소가 의료기관의 중환자실이라고 할 수 있는데, 가족들과 격리된 중환자실에서 고통스럽고 고독한 죽음을 맞이하는 대신, 최소한의 인간의 품위를 지키면서 죽음을 맞이할 수 있도록 해야 한다는 요구가 제기되기 시작하였습니다. 회생 가능성이 없는 환자가 무의미한 연명치료를 받기보다는 호스피스 완화치료를 받으면서 경제적인 부담 없이 인간으로서의 존엄을 지키며 남은 생의 시간들을 의미 있게 보내다가 죽음을 편안하게 맞이할 수 있도록 하는 사회적 시스템의 필요성이 요구된 것입니다.

그에 따라 죽음 과정 속에서 무의미한 연명치료를 거부할 수 있는 환자의 치료에 대한 자기 결정권에 근거하여, 환자가 원할 경우 연명의료를 중단할 수 있다는 연명의료결정법이 호스피스 완화치료법과 함께 하나의 법으로 묶어져서 제정되기에 이르렀습니다. 이 법은 의사들에게는 연명의료 중단행위에 대한 법적 근거가 되었고, 환자에게는 존엄하게 죽을 권리의 출구가 되었습니다.

죽음의 질 문제와 웰다잉법

'호스피스 완화의료 및 임종 과정에 있는 환자의 연명의료결정법'을 제대로 이해하기 위해서는 '죽음의 질'의 의미를 알아야 합니다. 윤영호 서울대 의대 교수는 「호스피스 완화의료 제도화

방향」(『HIRA 정책동향』 7+8월호, 2013)이라는 글에서, 영국 이코노미스트 연구소가 2010년 실시한 '죽음의 질' 평가에서 우리나라는 조사대상 40개국 중 32위에 그쳤다고 밝혔습니다. 또한 〈KBS파노라마〉(2013) 프로그램 기획보도에 의하면 OECD국가 중 우리나라의 '죽음의 질'이 최하위를 차지하고 있습니다.

우리나라와는 다르게, 죽음의 질 지수 세계 1위 국가인 영국에서는 2008년 국가 차원에서 '좋은 죽음'의 개념을 정립하였습니다. 그에 따르면 좋은 삶을 누릴 권리가 누구에게나 있는 것처럼 좋은 죽음 또한 모든 국민이 동등하게 누려야 할 권리라는 것을 명시하고 있습니다. 영국이 정한 '좋은 죽음'의 평가 기준에 따르면 인생의 마지막 순간을 어디에서 누구와 함께 보내며 어떤 모습으로 맞이하는지가 좋은 죽음의 핵심적인 조건입니다. 따라서 '자신이 가장 원하는 장소에서, 가족이나 친구들과 함께 마지막 순간, 인간의 존엄과 품위를 유지한 모습을 보이며 고통 없이 맞이하는 죽음'을 좋은 죽음의 기준으로 제시하고 있습니다.

우리나라도 '좋은 죽음'에 대해 진지하게 논의하고 사회적 합의와 협력을 통해 죽음의 과정에서 나타는 죽음의 불평등을 해소해 나감으로써 죽음의 질을 높이고자 하는 노력이 필요합니다.

죽음의 순간까지도 성장한다

'죽음'이라 쓰고 '성장'이라고 읽는다

〈바람(HOPE) 호스피스 지원센터〉를 만들고 〈웰다잉 교육 프로그램〉과 〈영적 돌봄 프로그램〉, 〈마지막 소원 성취 프로그램〉을 진행하느라 바쁜 시간을 보내던 2019년 여름 어느 날, 저는 〈영적 돌봄 프로그램〉을 통해 알게 된 환자 한 분(H씨)의 〈마지막 소원 성취 프로그램〉 신청을 받게 되었습니다.

지역의 한 요양병원 호스피스 병동에 입원해 있으면서 영적 돌봄 프로그램을 통해 만났던 H씨는 60세의 폐암 말기 환자로 의학적인 잔여 생존 예상 기간은 1개월 정도의 환자였습니다. 네 번 정도 만나면서 H씨의 일생이 어떠했는지를 단편적이나마 알게 되었습니다. H씨는 본인 입으로 자신을 '건달'이라고 소개한 독특한 분으로, 삶을 마감해야 하는 시간이 얼마 남아 있지 않음을 인지하고 난 다음부터 저와 많이 대화하기를 원하셨습니다. 그리고 H씨 스스로가 죽음의 의미가 무엇인지, 남아 있는 시간을 어떻게 보내는 것이 좋은지를 묻고 조언을 요청했습니다. 스스럼없고 거침없이 자기 이야기를 하는 타입이어서 대화하는 데 어려움이 없었습니다. 더구나 가톨릭 신자로서 죽음 이후의 세계에 대한 관심도 많은 분으로, 신앙이라는 공통 주제가 있어서 일반인들보다 이야기가 잘 통했습니다. 그래서인지 존엄하며 의미 있는 죽음에 대해서도 서로 깊은 이야기를 나눌 수 있었습니다.

그러나 그 '독특한' 성품은 그대로 남아 있었습니다. 호스피스 병동에 입원해 있는 동안 부인이 간병을 하며 식사를 챙겼는데, 식사가 맘에 안 들면 반찬 그릇을 던져 버리는 일이 다반사였고, 그로 인해 부인이 눈물 짓고 있는 것을 자주 목격했습니다. 그 때마다 H씨는 입버릇처럼 저에게 이렇게 이야기했습니다: "빨리 죽는 것도 억울한데 죽기 전까지 내 맘에 들게 해 주면 안 되나?"

H씨와의 네 번째 만남은 병원 앞 휴게소 그늘 아래서 이루어졌습니다. 더운 날씨였지만 시원한 바람이 부는 그늘에서 일상적인 이야기를 나누던 도중에 H씨가 갑자기 이런 말을 했습니

다: "목사님이 주고 가신 팸플릿에서 호스피스 지원센터 프로그램 중에 〈마지막 소원 성취 프로그램〉이란 걸 보았는데 그것을 저도 신청해도 됩니까?"

그 말을 듣고 저는 깜짝 놀랐습니다. 놀란 토끼 눈을 하고 있는 저에게 H씨는 더 놀라운 이야기를 덧붙였습니다: "가족사진을 찍어서 죽기 전에 가족들을 위해 뭔가 하나를 하고 싶습니다."

이 이야기를 듣고 제가 놀랄 수밖에 없었던 이유가 있었습니다. 얼마 전 부인과 딸이 조심스럽게 H씨에게 "가족 모두가 모여서 찍은 사진이 하나도 없으니 세상을 떠나기 전에 가족사진 한번 찍자"고 했는데, 그 이야기를 듣자마자 H씨는 버럭 화를 내면서, 다시는 그런 말은 하지 말라고 난리를 쳤다는 사실을 알고 있었기 때문입니다.

그런데 H씨의 이야기를 더 들어 보니 이해가 되었습니다. 영적 돌봄 프로그램을 통해 '나에게도 의미 있는 죽음이 있을 수 있구나.' 하는 것을 깨닫게 되었고, 가족들과 좋은 관계를 갖지 못한 채 평생을 살아왔는데 죽기 전에 가족들에게 화해의 선물을 주고 싶다는 생각을 갖게 되었으며, 그 뜻을 저에게 조심스럽게 표현했던 것입니다. 그러더니 겸연쩍은 표정을 지으며 "기왕이면 가족사진 찍을 때 부인과 결혼사진도 같이 찍었으면 좋겠다"고 했습니다. 짐작컨대 결혼식 사진 없이 지금까지 살아오신 게 분명해 보였습니다.

H씨와 부인 그리고 딸, 아들의 서명이 들어 있는 〈마지막 소원 성취 프로그램〉 신청서를 받자마자 바람(HOPE) 의료복지회 운영위원회를 열었습니다. H씨와 그 가족들에게 세상의 따뜻함을 전하고 기쁨이 되는 〈마지막 소원 성취 프로그램〉이 되기 위해서는, 진행하는 동안 혹시 발생할 수 있는 만약의 상황에 대비하여 의학적, 법적인 준비가 필요했기 때문입니다. 회의 결과 환자의 소원을 들어주기로 했습니다. 그리고 모든 비용은 바람(HOPE) 의료복지회가 감당하기로 하였습니다.

회의 결과를 병원에 전달하고 환자가 움직여도 좋다는 담당 의료진의 승낙이 떨어졌습니다. 소원 성취 날짜를 정하고, 광주시에서 제일 좋다는 사진 스튜디오를 섭외하고, 환자가 이용할 앰뷸런스도 예약했습니다. 이제 H씨의 소원을 들어주는 일만 남았습니다.

그런데 소원 성취 날짜를 사흘 앞두고 H씨의 폐동맥에서 출혈이 발생하여 각혈이 심해졌고, 급히 화순 전남대병원 응급실로 이송하게 되었습니다. 모든 준비가 완료되어 있던 상황이라 가슴을 졸이며, 응급처치를 받은 H씨의 건강상태가 좋아지기만을 기다릴 수밖에 없는 상황이 되고 말았습니다.

그런데 기적이 일어났습니다. 응급처치를 통해 출혈이 멈추고, 몸이 어느 정도 회복이 되자 H씨는 의료진의 우려에도 불구하고 〈마지막 소원 성취 프로그램〉에 대한 실행 의지를 강력하게 표현했습니다. 가족사진을 찍는 과정에서 어려운 상황이 온다 할지라도 꼭 하고 싶다는 H씨의 요청을 받고 결국 의료진들과 거듭된 회의 끝에 예정대로 프로그램을 진행하기로 하였습니다.

예약된 날이 되자 앰뷸런스로 H씨를 이송하고, 만약의 사태를 대비하여 산소 호흡기를 준비해 병원 원장님과 사회복지사가 함께 했습니다. 준비된 차량으로 가족과 환자 이송 자원봉사자들이 함께 〈마지막 소원 성취 프로그램〉을 진행할 광주 사진 스튜디오로 갔습니다. 또한 이 소식을 전해 들은 지역보건소에서도 보건소장을 비롯한 의료진들과 직원들이 광주 사진 스튜디오로 모였습니다.

스튜디오에서 화장을 하고 결혼사진을 찍기 위한 옷을 갈아입으며 준비하는 동안 H씨의 몸 상태는 놀랍게도 정상인과 별로 다르지 않았습니다. 부인과 결혼사진을 찍고 온 가족이 모여 사진을 찍은 과정에서도 우려했던 일은 일어나지 않았고, 끝까지 H씨는 웃음을 지으며 그와 가족들의 마지막 소원인 가족사진과 결혼사진을 찍었습니다. H씨와 부인의 미소는 끊이지 않았고, 가족들과의 대화 속에서도 웃음소리가 들려왔습니다.

병원으로 돌아온 H씨는 피곤하게는 보였지만 즐겁고 행복하다면서 저에게 감사의 마음을 전했습니다. 그가 병실로 들어가는 모습을 끝까지 지켜보면서 함께했던 모든 관계자들은 안도의 한숨을 내쉬었습니다. 이렇게 바람(HOPE) 호스피스지원센터의 첫 번째 〈마지막 소원 성취 프로그램〉이 무사히 끝났습니다.

다음날, H씨와 만나기 전 담당 의료진에게 H씨의 건강상태에 대한 소견을 들었습니다. 폐동맥이 한번 터졌기에 환자의 여생은 그리 길지 않을 것 같다는 것이었습니다. 아쉬운 마음을 가지고 H씨를 다시 찾은 저에게 그분은 이렇게 말했습니다: "좀 더 일찍 죽음에 대해 공부하고 생각했더라면 내 인생을 좀 더 의미 있게 살 수 있었을 텐데 참 아쉽습니다."

프로그램이 끝난 뒤 사흘째 되는 날, 병실에 들른 저에게 H씨의 부인이 저에게 면담 요청을 했습니다. 부인과 사무실에서 이야기를 하다가 새로운 사실을 알게 되었습니다. 〈마지막 소원 성취 프로그램〉이 끝나고 나서 H씨가 완전히 긍정적인 사람으로 변했다는 겁니다. 식사를 할 때마다 짜증을 내던 H씨가 이제는 즐겁게 식탁을 마주하고, 부인에게 수고했다는 따뜻한 말을 건네며, 가족들에게 그동안 미안했다는 말을 하기 시작했다는 거지요. 그리고 가족들을 위해 무언가를 했다는 뿌듯함으로 병상에서도 기쁨과 평안한 시간을 보내고 있다는 말을 전해주었습니다. '죽음을 앞에 두고 가족들과의 화해는 이렇게 하는 것이다'라는 모범을 보여준 것입니다.

이렇게 H씨는 죽음의 입구에 서 있었지만 그의 삶은 긍정적으로 변화되었고, 저와 대화를 나누는 시간을 통해 삶의 의미와 가치에 대한 깨달음을 얻었습니다. 그리고 죽음을 두려워하지 않고 길지는 않았지만 평온한 나날을 보냈습니다. 의료진들의 예상과는 달리 H씨는 무려 한 달을 더 살다가 이 세상에서의 여행을 끝냈습니다.

무엇이 H씨를 변하게 했을까요? 무엇이 H씨로 하여금 의료진들의 예상과는 달리 한 달을 더 이 세상에 머물 수 있는 힘을 갖게 했을까요?

처음 만났던 H씨는 죽음에 대한 증오감을 갖고 있었습니다. 또한 평균적인 수명도 살지 못하고 죽음과 만나야 한다는 아쉬움과 분노가 삶의 모습에서 그대로 나타났습니다. 그리고 그 증오감과 아쉬움, 분노를 가족들과 주변 사람들에게 여과없이 표출하였습니다. 하지만 죽음에 대한 열린 마음을 갖게 되면서부터 H씨의 변화가 시작되고 있음을 저는 느꼈습니다. 죽음은 피하는 것이 아니라 맞부딪쳐야 하고 그 실체를 알아야 할 대상이라는 저의 이야기에 관심을 보인 H씨에게 저는 이렇게 말했습니다: "피하면 피할수록 죽음은 우리로 하여금 두려움과 공포를 갖게 하고 성숙할 기회를 갖지 못하게 만듭니다."

그리고 죽음은 미워하면 할수록, 그리고 두려워하면 할수록 오히려 더 큰 문제를 일으키는 특성이 있기에 '인간은 누구나 죽음에 이르게 된다는 것'과 '죽음의 시기는 아무도 모르지만 사람은 누구나 죽는다는 것', 그리고 '죽는 순간까지도 인간은 성숙해질 수 있는 존재'라는 주제를 가지고 이야기를 나누었고, 이러한 대화를 통해 H씨의 마음이 조금씩 변화되어 갔습니다.

그러면서 H씨는 죽음에 대해 더 알기를 원했으며, 대화를 통해 그는 죽음이란 이겨야 할 존재가 아니라 극복해야 할 존재라는 것을 인식하기 시작했습니다. 그러자 죽음과 담대하게 맞서기를 선택했습니다. 가족을 위한 사랑이 있음을 보여주기 위해 자신이 〈마지막 소원 성취 프로그램〉을 진행하는 동안 어려운 상황이 닥칠 수도 있다는 사실조차도 담대하게 받아들였던 것입니다.

〈마지막 소원 성취 프로그램〉을 하고 난 H씨는 완전히 다른 사람이 되었습니다. 장례식장에서 H씨의 부인이 전해 준 말에 의하면, 프로그램이 끝난 뒤 한 달이 부부로 살았던 세월 중에 가장 행복한 시간이었다는 것입니다. 그리고 가족들의 곁을 영원히 떠나기 전 H씨는 마지막 작별 인사로 "사랑한다"라는 말을 남겼다고 전해주었습니다.

H씨는 미움과 증오, 분노와 아쉬움, 그리고 가족간의 갈등을 사랑과 이해, 용서로 바꿔 『생의 수레바퀴』라는 책에서 언급한 것처럼 인간은 마지막 순간까지도 성장할 수 있는 존재*임을 보여주었습니다. '죽음을 극복한 웰다잉(Well-Dying)의 모범적인 사람'으로 기억되는, 잊혀지지 않는 분입니다.

---

* 엘리자베스 퀴블러 로스, 강대은 옮김, 『생의 수레바퀴』(황금부엉이, 2019), p. 286.

사회적 협력 돌봄 프로그램의 필요성

〈마지막 소원 성취 프로그램〉과 〈영적 돌봄 프로그램〉

웰다잉(Well-Dying)의 최종 목적은 죽음의 질을 높이는 것입니다. 우리나라 죽음의 질은 그리 높은 편이 아닙니다. 앞에서도 언급했듯이 2010년에 우리나라 죽음의 질 지수(Quality of Death Index)가 OECD 회원국 등 세계 주요 40개국 중에 32위를 차지할 정도로 열악했습니다.

그러기에 죽음의 질을 높이는 일에 좀 더 관심을 가져야 합니다. 우리나라 웰다잉 분야에서 빼놓을 수 없는 저서라고 할 수 있는 『나는 친절한 죽음을 원한다』의 저자 박중철 교수는 죽음의 질을 높이는 데 우선 중요한 요소는 '호스피스 완화의료 기관

'확대'라고 주장합니다.* 박중철 교수의 의견에 전적으로 동의하면서 죽음의 질을 높이기 위한 또 다른 방안을 제안하고자 합니다.

우리나라에서 죽음의 질을 높이는 일에는 낙관할 수 없는 어려움들이 있습니다. 우선, 2018년 '웰다잉법'은 통과되었으나 세계보건기구(WHO)에서 권고하는 필수 영역에 대한 국가의 지원 정책은 포함되어 있지 않습니다. 호스피스 완화의료기관이 확대되지 못하는 이유가 여기에 있습니다. 병원이 호스피스 병동을 운용하는 데 어려움이 없어야 함에도, 국가 지원이 제대로 이루어지지 않아 호스피스 완화의료기관에서조차도 말기 암 환자들에게 제공할 수 있는 서비스 영역이 제한되어 있는 것이 현실입니다.

죽음학 공부를 하면서 죽음의 질을 높이는 것에 대한 필요성을 깨닫고 저도 호스피스 교육을 받아야겠다고 생각하게 되었습니다. 그리고 호스피스 기초교육과 심화교육인 표준교육을 받았습니다. 그런데 막상 교육을 받고 난 후에 오히려 저에게는 고민거리가 생겼습니다. 교육을 통해 배운 것과 병원 현장 사이

---

* 박중철, 『나는 친절한 죽음을 원한다』(홍익출판미디어, 2022), p. 27.

에 괴리감이 컸기 때문입니다. 현재의 의료체계 속에서는 목회자로서 말기 암 환자들에게 할 수 있는 일이 그리 많지 않았습니다. 이를 고민하다가 호스피스 완화의료기관에서 할 수 없는 영역을 채우기 위해 '호스피스 지원센터'가 필요하다는 결론을 내렸고, 이를 만들어보기로 했습니다.

그리고 주변 사람들을 설득하기 시작했습니다. 대부분 제 이야기에 귀를 귀기울여 주면서 '호스피스 지원센터'의 필요성에는 공감을 해 주었지만 실현 가능성에 대해서는 고개를 저으신 분들이 80% 이상이었습니다. 그래도 누군가는 이 일을 해야 한다고 생각하고, 우선 저의 의견에 동의하신 분들과 비영리 민간단체 〈바람(HOPE)의료복지회〉를 구성하였습니다. 그리고 의료복지회를 통해 '호스피스 지원센터' 설립의 뜻을 실행에 옮겼습니다. 물론 많은 어려움이 있었습니다. 하지만 뜻을 같이하는 회원들이 있었기에 서로 힘을 모아 '호스피스 지원센터'에서 할 수 있는 일을 정하고 내용을 채워 나갔습니다. 이렇게 해서 2019년 〈바람(HOPE) 호스피스 지원센터〉가 출범하게 되었습니다.* 그리고 완화의료기관에서 다 할 수 없는 일을 감당해 나갔

---

* 바람(HOPE) 호스피스지원센터 홈페이지 http://www.hopehsc.co.kr/main/main.html

습니다. 〈영적 돌봄 프로그램〉, 〈웰다잉 교육 프로그램〉, 〈마지막 소원 성취 프로그램〉이 그것입니다.

이에 소요되는 비용은 200여 명이 되는 회원들의 매달 회비로 충당하고 있습니다. 특히 〈마지막 소원 성취 프로그램〉은 2019년 현재 우리나라에서 비영리 민간단체로서는 처음으로 시도하는 프로그램으로, 네덜란드의 앰뷸런스 소원재단(Ambulance Wish Foundation)의 프로그램을 벤치마킹하여 우리 현실에 맞게 프로그램을 재구성하여 실행하고 있습니다.

현재 우리나라의 의료 현실로 보면 말기 암 환자들의 죽음의 질을 높이는 것을 호스피스 완화의료기관에만 떠맡길 수 없는 상황입니다. 결국 죽음의 질을 높이는 일은 호스피스 완화의료기관과 더불어 사회적 협력 돌봄 시스템이 함께 할 수밖에 없습니다.

사회적 협력 돌봄 프로그램의 첫 번째 예가 〈마지막 소원 성취 프로그램〉입니다.

하지만, 누구나 사회적 협력 돌봄 시스템의 혜택을 누리며 죽음을 맞이 하지는 않습니다. 〈마지막 소원 성취 프로그램〉의 예를 들어 보겠습니다. 말기 암 환자 중에는 〈미지막 소원 성취 프로그램〉이 아예 불가능한 경우도 있습니다. 그리고 너무 늦은 경우도 많습니다. 또한 마음의 문을 닫고 대화를 거부하며 외로움을 가슴에 가득 채운 채 한숨을 쉬다 죽음을 맞이하는 분도 있습니다. 자신의 초췌한 모습이 세상에 드러날까봐 두려워하다 죽음을 맞이하는 분도 있습니다. 가족들과 화해하지 못하고 끝까지 미움과 증오로 괴로워하다 죽음을 맞이하는 분도 있습니다. 죽음의 순간까지도 죽음을 받아들이기를 거부하시는 분도 있습니다. 이 모두가 죽음을 맞이할 준비가 덜 된 모습들입니다.

〈마지막 소원 성취 프로그램〉을 진행하는 데는 많은 어려움이 있지만, 그중에 가장 큰 어려움은 말기 암 환자의 상태가 항상 가변적이라는 것입니다. 〈마지막 소원 성취 프로그램〉을 신청한 환자 중 실제로 프로그램을 진행한 경우는 10%에 미치지 못합니다. 모든 준비를 끝낸 상태라 할지라도 프로그램 진행 당일 환자의 상태가 갑자기 나빠지면 프로그램을 진행할 수 없기 때문입니다. 심지어 프로그램을 신청하고 준비가 다 되었는데 갑자기 환자가 세상을 떠나기도 합니다.

또한, 〈마지막 소원 성취 프로그램〉에 신청을 했다가 취소한 경우도 많이 있습니다. 가족들의 지지를 받지 못하기 때문이었습니다. 환자는 원하지만 프로그램을 진행하다가 환자가 병원이 아닌 다른 곳에서 사망할 경우 문제가 생기는 것을 꺼려하는 가족들의 반대 때문입니다.

〈마지막 소원 성취 프로그램〉을 준비하면서 안타까운 사례도 많았습니다. 사업을 하다가 40대 후반에 갑자기 쓰러진 K씨는 검사 결과 췌장암 말기인 것을 알게 됩니다. 그러자 그 부인은 딸과 함께 어디론가 사라져 버렸고, K씨는 70대 후반의 부친의 간병을 받다가 고향이 가까운 호스피스 병동에 입원을 하게 되었습니다. K씨의 소원은 어머니께서 끓여주신 된장국 한 그릇을 어머니 집에서 먹는 것이었습니다. 그래서 빠른 시간에 이 소원 성취를 위한 준비를 했지만, 결국 그 소원을 이루지 못하고 세상을 떠나고 말았습니다. 병상에서 마지막으로 K씨를 만났을 때, 그의 눈에서 흐르는 눈물을 닦아주며 같이 눈물 흘렸던 시간을 잊을 수가 없습니다.

〈마지막 소원 성취 프로그램〉은 죽음을 맞이하기 전에 바라던 소원을 이루고, 마지막 순간까지 성숙할 수 있도록 도울 뿐만 아니라, 행복한 마음으로 세상의 여행을 마칠 수 있도록 도움을 주어 죽음의 질을 높여주는 사회적 협력 돌봄 프로그램 중 하나입니다. 이러한 사회적 협력 돌봄 프로그램들이 더욱 활성화되어야 합니다. 이것이 우리나라 죽음의 질 지수를 높일 수 있는 방안입니다.

사회적 협력 돌봄 프로그램의 두 번째는 〈영적 돌봄 프로그램〉입니다. 세계보건기구(WHO)에 의하면 호스피스 완화의료에는 전인적 치료와 돌봄이 필요하다고 보고, 이에 따라 돌봄의 영역을 네 가지로 규정하였습니다. 신체적, 심리적, 사회적, 그리고 영적인 돌봄의 영역이 그것입니다.

〈완화의료의 정의〉

국립암센터에서 발간한 '완화의료 팀원을 위한 호스피스 완화의료 개론'에 따르면 영성(spirituality)은 초월적 가치를 추구하고 삶의 의미와 목적을 찾으며 용서와 사랑의 관계 속에서 평화와 희망이 충만한 삶을 이루려는 인간 본질의 한 부분으로서, 문화와 종교에 관계 없이 인간이 가지고 있는 보편적 속성이라고 규정하고 말기 환자와 그 가족들에게 '영적 돌봄'이 필수적임을 강조하고 있습니다.*

---

* 보건복지부, 국립암센터, 『완화의료 팀원을 위한 호스피스.완화의료 개론』(2012) 참조.

이러한 '영적 돌봄'은 환자들과 그 가족들이 겪는 영적 고통을 완화시켜 주는 호스피스 완화의료의 중요한 영역이며 죽음의 질을 높이는데 매우 중요한 프로그램입니다. 가톨릭대 간호대 용진선 교수는 "영적 돌봄은 호스피스의 핵심이자 꽃"이라고까지 평가했습니다.*

하지만 우리나라 현실을 보면 호스피스 완화의료기관에서는 온전한 '영적 돌봄'이 이루어지지 않고 있습니다. 호스피스 완화의료의 실행법에 '영적 돌봄'의 전문가를 필수 요원으로 해야 하는 제도적 장치가 빠져 있기 때문입니다. 그래서 일부를 제외한 대부분의 의료기관에서는 제대로 된 '영적 돌봄'이 어려운 상황입니다. 그렇다고 중요한 '영적 돌봄'의 영역을 방치할 수는 없습니다. 사회적 협력 돌봄 프로그램의 일환으로 죽음학을 공부한 '영적 돌봄' 전문가들의 협력이 필요하며, 이러한 사회적 협력을 통해 죽음의 질을 높여 나가야 합니다.**

죽음의 질을 높이는 데 필수적인 '영적 돌봄' 프로그램이 제대로 진행되기 위해서는 '영적 돌봄'의 전문가 육성이 필요합니다.

* http://www.cpbc.co.kr/CMS/newspaper/view_body.php?cid=669998&path=201702 (2022년 10월 31일 검색)
** 임영창, 「목회 현장에서의 '죽음의 질'을 높일 수 있는 방안에 대한 고찰」, 『세계와선교』 제230호, (한신대학교 대학원, 2018.12.)

삶이 묻고 죽음이 답하다

이를 위해 의학, 심리학, 사회학, 종교학, 인문학, 죽음학 등 각 분야의 전문가들로 구성된 공적인 '영적 돌봄' 교육기관 설립이 시급한 상황입니다.

세 번째 사회적 협력 돌봄 프로그램은 2장에서 언급한 '웰다잉' 교육 프로그램입니다. 이를 통해 꾸준히 죽음에 대한 이해도를 높이고, 죽음이 주는 지혜로 세상을 살아감으로써 웰리빙(Well-Living)의 삶을 가꾸어 나가는 것도 언젠가 죽음을 맞이하게 될 우리의 죽음의 질을 높이는 길입니다.

죽음 뒤에 삶이 존재한다는 것은
앎의 문제이지
믿음의 문제가 아니다

- 엘리자베스 퀴블러 로스

제6장

영혼과 죽음
이후의 세계

1

✦

영혼 이야기

영혼 담론의 기원과 진전

'영혼'의 문제는 오랫동안 많은 사람들의 관심 대상이었고, 다양한 문화권에서 나름의 관점으로 언급되어 왔습니다. 영혼에 관한 담론은 죽음을 극복하고자 하는 인간의 욕망을 해결하는 수단이기도 했고, 영혼으로 신과 만날 수 있다는 희망을 담은 영혼 이야기가 여러 세대에 거쳐 계승되고, 퍼져나가기도 하였습니다.

영혼에 대한 관심과 그에 관한 이야기의 연원은 인류 역사만큼이나 오래되었습니다. '사람은 반드시 죽는 이유가 무엇인가?' 하는 의문을 갖기 시작한 때부터 영혼에 관한 담론이 시작되어, 다양한 문화권에서 여러 형태로 등장했습니다.

다소 애매모호하고 신비적이었던 영혼 담론을 철학적이고 이성적으로 체계화한 사람은 그리스 철학자 플라톤입니다. 플라톤은 사람에게 육체 이외에 영혼이 있으며, 영혼은 불멸한다고 주장했습니다. 이러한 플라톤의 이원론적 인간론은 제자 아리스토텔레스로 이어져 초기 기독교 신학에 깊은 영향을 주었고, 그 후 아우구스티누스와 토마스 아퀴나스에 의해 기독교의 중요한 신앙으로 자리 잡았습니다. 이원론적 세계관이 인류 역사의 전개과정과 맞물려 보편적인 진리가 된 것입니다.

영혼에 관한 담론은 세월이 흐르면서 자연스럽게 각 개인이 고유한 가치 주체라는 개인주의를 낳게 됩니다. 비록 그 과정은 아주 오랜 시간에 걸쳐 천천히 진행되었지만, 16세기에 이르러 개인이 신과 직접적으로 관계를 형성할 수 있다는 종교개혁의 기본 토대가 되었습니다. 마르틴 루터(Martin Luther)는 모든 사람들에게 "신과 직접적으로 이어진 불멸의 영혼이 있다"고 주장하였고, 이는 종교적 차원을 넘어 사회와 문화 전반에 확산되면서 '모든 사람은 신 앞에서 평등하다'는 선언을 하게 된 원동력이 되었습니다. 이러한 영혼 담론은 16세기에 이르러 사회적, 정치적, 경제적 변혁을 가져오는 데 결정적인 요소가 되었던 것입니다.

이와 같이 이원론적 인간론을 기초로 한 영혼 담론은 인류 역사에서 사회, 정치, 종교의 모든 방면에서 중요한 근간을 제공하였습니다. 나아가 개인 가치의 지고함을 보편화함으로써 근대 민주주의를 탄생시키는 이데올로기적 기반이 되었습니다.

18세기의 사회적 변혁과 더불어 과학의 비약적인 발전이 진행되면서 인류는 새로운 시대를 열게 됩니다. 산업혁명이 가속화되고 사회의 모든 분야에 걸쳐 새로운 가치관들이 형성되었으며, 과학의 발전은 인류 역사에 획기적인 변곡점을 만들어 갔습니다. 전문화된 도구와 기술을 활용하여 인류가 직면한 많은 문제들을 해결할 수 있게 되었고 그에 따라 근대 문명이 전개되었습니다.*

그 결과, 사람들은 더욱 안전하고 편리한 생활을 하게 되었으며, 인간의 수명은 획기적으로 늘어났습니다. 인류에게 이러한 혜택을 준 과학은 존중받아야 마땅한 것으로 인식되었고, 이는 인간의 이성에 대한 신뢰를 더욱 확고하게 만들었습니다. 과학적 검증과 이성적인 판단이 중시되자, 그동안 당연한 것으로 여기던 것들도 새로운 관점으로 재고하기 시작합니다. 이 과정에서 오랜 세월 동안 믿음의 영역이던 것들에 대해 종교적 관점과 과학적 관점이 서로 충돌하면서 논쟁이 일어난 것은 필연적이

---

* 앞의 『불멸에 관하여: 죽음을 이기는 4가지 길』, pp. 87-88. 이 책에는 여러 가지 문명의 진보에 대한 내용이 잘 요약되어 있습니다.

라 할 수 있습니다.

영혼에 대한 과학적 이해의 등장

그중 '영혼' 문제는 가장 큰 논란의 대상이었습니다. 즉 오랫동안 당연한 것으로 인식되어 온 영혼에 대해 과학계가 '인간에게 과연 영혼이란 존재하는가?'라는 기본적인 물음을 던지면서, 생명 현상의 과학적 작동 원리라는 잣대를 가지고 검증하기 시작하였고, 그 결과 영혼에 대한 새로운 주장을 하게 됩니다.

과학적 검증과 연구를 통해 인간은 물질로 구성되어 있어서 육체의 특정 계기가 '정신'으로 나타난 것이라는 주장이 제기된 것은 예정된 순서로 여겼습니다. 인간의 의식이나 마음도 육체, 즉 물질이 만들어내는 특수한 현상이라고 보았습니다. 그리고 영혼도 이러한 정신 활동의 일환으로 이해하게 됩니다.[*] 따라서 사람이 완전한 육체적 죽음에 이르면, 이른바 그의 영혼, 즉 '의식'도 사라지게 된다는 주장입니다. 결국 과학적 관점으로 보았을 때는 인간의 영혼은 의식이나 정신 활동의 한 유형이자 육체의 물리적 현상으로, 결국 죽음 이후에 영혼은 존재하지 않는다

---

[*] 양교철, 『죽음 연구』(신아출판사, 2016), p. 677. 이 책에서는 물활론(物活論)의 영향으로 설명하고 있다.

는 주장이 힘을 얻게 됩니다.

그러나 여기에도 반론이 존재합니다. 첫째, 사람이 육체적으로 완전한 죽음에 이르면 그에 따라 영혼도 소멸한다는 과학적 설명에 일부 동의한다 할지라도, '살아 있는 동안에 인간에게 영혼이 존재하느냐?'는 전혀 다른 문제일 뿐 아니라, 과학계에서 주장하는 식으로 영혼을 정신이나 의식의 일종으로 볼 수도 없다는 반론입니다.

둘째, 경험론 상으로 영혼이 존재한다는 많은 증거들이 있기 때문에, 영혼은 과학적 논의 범주를 벗어나는, 혹은 과학이 아직 밝힐 수 없는 차원의 대상으로 다루어야 한다는 반론입니다.*

셋째, 사람이 육체적으로 사망하면 의식도 사라지고 따라서 영혼도 사라진다는 과학계의 주장은 '죽음 이후의 세계'가 존재하지 않는다는 것까지 증명한 것은 아니라는 반론입니다. 이때 영혼은 죽음 이후의 세계로 이동한 것으로 간주됩니다.

이렇듯 인류 역사에서 영혼에 대한 담론이 끊임없이 이어져 온 가장 큰 이유는 그것이 사람들에게 지성적으로나 감성적으로 대단히 매력적이기 때문입니다. 영혼은 인간을 존엄하고 초

* *Ibid*, p. 677.

월적이며 특별한 존재로 이해하는 근거가 되는데, 이것은 유사 이래 풀리지 않고 있는 죽음의 역설(paradox)에 대한 의문의 실타래를 풀 수 있는 계기로 받아들이기 시작합니다.[*]

인간의 힘으로는 해결할 수 없는 죽음의 문제를 간결하고 희망적이면서도 명확하게 설명할 수 있는 것이 영혼 담론입니다. 영혼은 죽음의 이행 과정과 그 이후를 설명하고, 죽음을 극복하는 방법을 제시하는 데 아주 유용한 전제가 됩니다. 그래서 영혼이 존재한다는 것은 인간의 궁극적인 과제인 죽음을 극복하려는 모든 종교에서 언급되고 있습니다.

기독교에도 당연히 영혼 담론이 존재합니다. 세상에서도 영혼 담론이 오랫동안 논쟁의 대상이었듯이, 기독교에서도 이 문제는 지속적인 논쟁거리였습니다. 기독교의 신앙적 가치와 신념이 사회에 영향을 미치기도 했지만, 반대로 사회적 변혁과 과학적 발전이 기독교에 영향을 주는 것은 필연적입니다. 따라서 교부시대로부터 시작하여 종교개혁 시대와 계몽주의의 시대를 거쳐 최근의 변증법적 신학의 시대[**]에 이르기까지 영혼 담론에

---

[*] 앞의 『불멸에 관하여』 p. 204.
[**] 앞의 『죽음과 부활의 신학: 죽음 너머 영원한 생명을 희망하며』, pp. 296-324 참조. 김균진 교수는 최근에 20세기의 변증법적 신학자들에 의하여 영혼불멸설은 부활신앙의 관점과는 대립되는 개념으로 이해되고 있다고 지적하였다.

관한 논쟁이 많이 있었던 것도 어쩌면 당연한 일입니다.[*] 그 결과 영혼에 대해 성서학자들마다 의견이 다르고 신학 유파에 따라 견해를 달리하고 있을 뿐 아니라[**] 성서 속에 나타나는 죽음에 대한 이해의 차이가 나타나게 되었습니다.[***]

최근 기독교계에서는 영혼 문제를 새로운 시각으로 보려는 시도를 하고 있습니다.[****] 즉 기독교 신학에서도 다른 학문들과의 대화, 특히 과학과 소통의 필요성이 강조되는 가운데[*****] 그동안 기독교가 자신을 폐쇄적으로 고립시켜 세상에서 제기되는 여러 문제들을 회피하려 한 태도로부터 벗어나, 다른 학문과의 대화를 통해 이해의 폭을 넓혀 나가기 시작하였습니다. 전통적인 쟁점과 현대적인 쟁점에 대해 각각 신학적 성찰을 하고 있는 것입

---

[*] 앞의 『죽음 연구』. pp. 477-492. 기독교에서 영혼에 대한 논의의 역사적 전개 과정을 아주 간결하게 정리하고 있다.

[**] 구약학자들은 창조신학적 관점에서 영혼 담론을 전개한다. 구약학자 이영재 박사는 창세기 2:6~7에 나오는 인간론에 대한 분석을 하면서 인간은 '네페쉬נֶפֶשׁ'로서 살아 있는 생명체로서의 인간존재 자체라고 이야기하고 있다. 이를 그리스어 역본 LXX에서 '프쉬케 ψυχή'로 번역하였는데, 이는 헬라철학에서 이야기하는 영혼이라는 개념과는 다른 내용이라고 말한다. 따라서 성경에서 이야기하는 '프쉬케'는 사람이 죽어 육체를 떠나 불멸의 세계로 돌아가는 '영혼'으로서의 프쉬케가 아니며 영혼까지 포함하는 '전(全)인간'을 뜻하는 것으로, 따라서 성경에서 이야기하는 구원도 '영혼 구원'이 아닌 '전(全)인간'의 구원으로 이해해야 한다고 주장하고 있다.

[***] 우택주, 「죽음, 또 다른 생명을 위한 비움」(『기독교사상』 2005.12.), p. 23. 우택주 교수는 죽음 이해에서 구원신학적 관점과 창조신학적 관점의 충돌한다고 분석했다.

[****] 윤철호, 『인간: 인간의 본성과 운명에 관한 학제간 대화』(새물결플러스, 2017), p. 436.

[*****] *Ibid.*, p. 311.

니다. 과학과 기독교에서의 영혼 관련 논의 동향을 통해 우리는 다음과 같은 결론을 얻게 됩니다.

우선 영혼 담론은 오랜 세월 많은 사람들의 관심 대상이지만 아직도 그 존재 유무에 대해 완전히 풀리지 않는 영역이 많은 탓에 명확한 결론을 내리기가 쉽지 않다는 점입니다. 따라서 이 책의 결론부에서는 복잡하고 다양할 뿐 아니라 논쟁의 여지가 많은 영혼 담론에 대해서는 과학자나 신학자의 몫으로 남겨 두고, 우리가 관심을 갖고 있는 '죽음의 극복' 문제에 '영혼 이야기'가 어떤 역할을 하고 있고, 또 할 수 있는지를 살펴보고자 합니다.

우리는 지금까지 죽음이 주는 두려움을 극복하고 죽음이 주는 지혜에 따라 살아감으로써 죽음을 극복하는 방법을 찾고자 했습니다. 죽음을 극복하고 지혜롭게 살아가고자 하는 것은, 그것이 삶의 의미와 가치를 높이는 길이라고 생각하기 때문입니다.

하지만 죽음 극복은 결국 궁극적으로 '죽음 이후의 세계'에 대한 문제와 연결되어 있기에 그 존재 유무에 대해 먼저 살펴보려 합니다. 그래야 '영혼 이야기'도 의미를 갖기 때문입니다. 그러고 난 다음 '죽음 이후의 세계'가 '지금, 우리에게' 어떤 영향을 미치고 있는가를 살펴보겠습니다.

✦

'죽음 이후의 세계' 이야기

'사후생' 연구

'죽음 이후의 세계' 존재 유무에 대한 의문점 해소에 도움이 되는 연구가 최근에 의학계에서 진행되고 있습니다. 의학 연구 분야 중 죽음학의 한 영역인 '사후생' 연구입니다.* '사후생' 연구는 상당 기간에 걸쳐 진행되었고, 현재도 지속적으로 그 결과물이 발표되고 있으며, 앞으로도 이와 관련된 연구가 계속될 것으로 예상됩니다.

사후생 관련 연구에서 발표된 최근의 성과 가운데 죽음 이후

---

* 앞의 〈부록: 현대의학계의 사후생 연구 고찰-임사체험 연구를 중심으로〉 참조.

의 세계에 대한 의미 있는 내용이 다수 들어 있습니다. 이에 따르면, 사람에게는 영혼이 존재할 뿐 아니라, 죽음 이후의 세계가 존재하므로 이에 대한 더 많은 연구가 필요하다고 합니다.

엘리자베스 퀴블러 로스 박사는 『사후생』에서, 인간은 죽은 뒤에 물질의 몸이 아닌 영체(psychic body)로 존재한다고 주장합니다. 그녀는 "나의 실질적인 사명은 (영육 모두의 소멸로서의-인용자) 죽음이란 존재하지 않는다는 것을 사람들에게 말하는 것"이라면서, "인류가 이것을 아는 것이 매우 중요한 일"이라고 주장합니다.* 이러한 생각을 비웃는 사람들에게 로스 박사는 "당신도 죽을 때에는 알게 될 것"이라고 하고, "죽음 뒤에 삶이 존재한다는 것은 앎의 문제이지 믿음의 문제가 아니"라고 설파했습니다.

엘리자베스 퀴블러 로스 박사가 "죽음 이후의 세계가 존재 한다"고 주장한 이후, 여러 죽음학자들의 연구가 이어졌습니다. 웨스트버지니아 대학 교수 레이먼드 A 무디 주니어,** 코네티컷 대학 심리학과 교수 케네스 링,*** 그리고 제프리 롱****에 이르기까지

---

* 앞의 『사후생: 죽음 이후의 삶의 이야기』, p. 75.
** 앞의 『다시 산다는 것(Life After Life: The Investigation of a Phenomenon-Survival of Bodily Death)』 참조.
*** 앞의 『너무 늦기 전에 들어야 할 죽음학 강의-행복하게 살기 위해 꼭 필요한 공부』 참조.
**** 앞의 『죽음, 그 후(Evidence of the Afterlife): 10년간 1,300명의 죽음체험자를 연구한 최초의 死後生 보고서』 참조.

죽음 이후의 세계에 대한 단초를 제공하는 '임사체험에 대한 연구'를 지속적으로 진행했습니다. 그들은 각각의 연구에서 임사체험자들에게 유체이탈 현상이 공통적으로 나타나고 있음을 지적하고, 이것이 인간에게 영적 세계(영혼)가 존재 한다는 결정적인 증거의 하나라고 주장합니다. 그뿐만 아니라 이 분야 연구자들은 공통적으로 '죽음 이후의 세계도 존재한다'*고 공언했습니다.

이러한 의학계의 연구 결과에 따르면, 영적 세계, 그리고 죽음 이후의 세계는 '종교적인 믿음의 세계'가 아니라 '실제로 존재하는 세계'입니다. 이는 과학적인 자료와 실험 결과를 중요시하고 이를 근거로 판단하는 의사들의 연구 결과이기에 더욱 의미가 있습니다.

우리나라에서도 이에 대한 연구가 의사들을 중심으로 활발하게 이루어지고 있습니다.** 국내 죽음학 연구 학자(의사)들의 공저인 『의사들, 죽음을 말하다』에서는, "임사체험의 연구에서 나타난 영적인 체험들이 다양한 종교의 영혼관에서도 찾아볼 수 있는 것"***이라고 증언합니다. 이어서 "이러한 이야기들에 대해 다

---

*   *Ibid.*, pp. 68-75 참조.
**   앞의 『의사들, 죽음을 말하다』 참조. 우리나라에서도 김자성 박사를 중심으로 의사들의 죽음학 세미나가 오랫동안 진행되어 왔다.
*** *Ibid.*, p. 99.

소 황당한 이야기라고 생각하는 사람들도 많이 있을 것이고, 특히 자연 과학을 공부한 의사들이 이런 주제로 이야기하는 것이 이해가 되지 않을 수도 있겠지만 죽음을 논하면서 사후 세계에 관해서까지 이야기해야 할 당위성이 있다"고 지적합니다. 그리고 의사들이 이 문제에 관심을 갖는 이유는 "사람이 죽음으로 모두 끝나는 것이 아니라는 것을 확실히 얘기해 줄 필요가 있기 때문"이라고 설명하고 있습니다.[*]

이처럼, 의학계의 '사후생' 연구는 오랫동안 풀지 못하고 믿음의 영역으로 남겨 두었던 '영적 세계(영혼)가 존재 하는가?' '죽음 이후의 세계가 존재하는가?' 하는 의문에 어느 정도 답을 제시하고 있습니다.

'사후생' 연구는 영혼과 죽음 이후 세계에 대한 존재 유무, 그리고 그 의의에 관해 다음과 같은 결론을 내렸습니다.[**]

첫째, 사람에게는 영혼이 있다.

둘째, 죽음 이후의 세계는 존재한다.

셋째, 죽음은 파괴자가 아니라, 존재의 완성자이다.

---

[*]   *Ibid.*, pp. 139-140.
[**] 앞의 〈부록: 현대의학계의 사후생 연구 고찰-임사체험 연구를 중심으로〉 참조.

살아가는 법을 배우십시오.
그러면 죽는 법을 알게 됩니다.
죽는 법을 배우십시오.
그러면 살아가는 법을 알게 됩니다.

- 모리 슈워즈

에필로그

1.

사람은 언젠가 죽음을 맞이합니다. 인간에게 죽음은 필연적이라는 것을 모두 알고 있습니다. 어느 누구도 예외가 될 수 없습니다. 다만 그 때와 장소, 원인과 방법이 다를 뿐입니다.

그런데 대부분의 사람들은 이렇게 필연적인 죽음 문제를 애써 외면하고 이야기하기를 꺼려합니다. 역설적으로, 인간의 삶에 죽음이 강력한 힘을 발휘하는 이유는 사람들이 가능한 한 자기 삶에서 죽음 문제를 외면하며 멀리 떼어 놓으려 하는 데 있습니다.

사람의 한평생에서 항상 함께하는 것이 죽음입니다. 태양이 있는 한 그림자가 사라지지 않는 것처럼, 우리가 살아 있는 한 죽음 역시 사라지지 않습니다. 미워해도 소용없고 도망가려고 해도 소용없습니다. 떼어 내려고 아무리 애써도 결코 우리로부터 떨어지지 않습니다. 죽음은 바로 우리 존재의 일부분이기 때문입니다.

이 죽음을 어떻게 해야 할까? 지금까지 인류 역사는 죽음과의 전쟁의 역사였습니다. 죽음을 이겨보려고 온갖 노력을 해 왔고, 지금도 노력하고 있으며, 앞으로도 그 노력은 계속될 것입니다. 죽음을 박멸시켜야 끝나는 전쟁을 계속하고 있는 것입니다. 하지만 이는 결국 소모적인 것으로 끝나게 될 것이 예고된 전쟁입니다.

일각에서는 과학이 발전하여 언젠가는 죽음을 정복할 날이 올 것이라는 장밋빛 전망을 내놓기도 합니다. 그러나 죽음을 정복하는 날이 오면, 오히려 그것이 인류의 돌이킬 수 없는 재앙이 될 것이라고 많은 학자들이 이야기합니다. 인간에게 죽음은 저주가 아니라 축복인 것을 절실하게 깨닫게 되는 때가 바로 참된 의미에서 죽음을 정복하는 날이라고 지적하는 학자도 있습니다. 어느 쪽이든 죽음이 인간의 근본적인 골칫덩이임은 분명한 사실입니다.

이 책은 죽음이라는 무겁고도 어두운 주제를 논점으로 삼았습니다. 피하고 싶고 이야기하는 것조차 불편하지만 그래도 우리에게 필요하고 절실하기에 죽음을 극복하는 방법을 찾기 위해서 천착하였습니다. 앞에서 살펴본 바와 같이 사람에게서 죽음을 멀리 떼어 놓거나, 죽음을 이기려고 유사 이래 현재까지 계속되어 온 싸움은 여지없이 실패했습니다. 따라서 기존의 방법으로는 죽음을 극복할 가능성이 없다는 사실을 인정하고, 질문을 바꿔야 합니다. 다시 말해 기존의 관점을 벗어나 새로운 관점으로 죽음을 바라보고 '죽음의 극복'이라는 문제로 접근하고자 했습니다.

여기서 새로운 관점이라 함은 죽음을 싸움의 대상이 아닌 인간에게 삶의 지혜를 주고, 인간으로 하여금 의미있는 삶을 살아가는 데 도움을 주는 동반자로 보는 것을 말합니다. 삶을 의미 있고 가치 있게 만들기 위해서는 삶은 죽음에게 그 답을 물어보아야 합니다.

이러한 관점의 전환은 죽음을 극복할 수 있는 방법이 죽음 자체에 있다는 통찰을 가져다주었습니다. 죽음에 대한 새로운 관점에서 출발하여, 의학(심리학) 전문지 『사이컬러지 투데이』에 발표된 관련 연구 결과를 통해 죽음의 특성을 살펴본 결과, 죽음이 인간에게 막강한 영향을 미치는 무기는 바로 '두려움'이라는 사실을 알게 되었습니다. 죽음은 두려움을 무기로 인간의 삶을 속박해 왔던 것입니다. 인간은 두려움이라는 쇠사슬에 묶인 채 죽음이 이끄는 대로 살아가는 존재가 되었던 것입니다. 따라서 두려움을 극복하는 것이 죽음을 극복하는 것이라는 결론을 내리게 되었고 그 방법들을 제시했습니다.

죽음의 특성을 분석하는 과정에서 인간의 삶에 영향을 미치는 또 하나의 요소를 발견하였습니다. 그것은 '죽음의 자리에서 들려오는 지혜'입니다. 죽음은 한편으로는 두려움을 무기로 인간의 삶을 파괴하지만, 다른 한편으로는 인간에게 삶의 지혜를 주어 인간이 가치 있고 의미 있는 삶을 살게 하는 힘이 있음을 발견했습니다. '죽음이 주는 지혜'가 역설적으로 죽음을 극복하는 좋은 방법이었던 셈입니다.

'두려움'과 '죽음의 자리에서 들려오는 지혜'에 대한 이야기를 통해 우리는 죽음을 극복할 수 있는 방법을 찾을 수 있었습니다. 죽음은 평생토록 두려움을 무기로 삼아 인간을 속박하지만, 그 두려움을 극복하면 죽음의 부정적인 영향력이 소멸된다는 사실을 확인했습니다. 그뿐만 아니라 죽음이 주는 지혜를 통해 깨달음을 얻고 살게 되면, 죽음을 극복하는 삶을 이룰 수 있다는 결론에 이르게 된 것입니다.

2.

하지만 '두려움의 극복'과 '죽음으로부터 오는 지혜로 살아가기'라는 결론에 도달한 뒤에도 과제는 남아 있었습니다.

첫 번째는 두려움의 극복에 관련된 내용입니다. 이 책 2장에서 언급한 대로 죽음이 주는 두려움의 핵심은 '죽음 이후 세계'에 대한 것이었습니다. 다행히도 이 문제는 '사후생'에 대한 연구성과에서 그 해답을 찾을 수 있었습니다. '사후생'을 연구한 학자들은 "의학자들은 종교를 통하지 않고도 과학적으로 사후 세계를 이야기할 수 있다."*고 했습니다.

'사후생' 연구 결과에서 '죽음 이후의 세계가 존재 한다'는 과학적 사실을 확인했습니다. 그러나 이것으로 죽음의 문제를 완벽하게 극복할 수 있느냐 하는 의문점이 풀린 것은 아닙니다. '죽음 이후의 세계'가 존재한다는 것을 알았다고 해도, 그곳이 어떤 곳이며 그곳에서 나는 어떻게 존재하는가에 대해 정확하게 알지 못한다면 죽음이 주는 두려움을 온전히 극복하는 데에는 한계가 있을 수밖에 없습니다.

'죽음 이후의 세계'를 명확히 하지 않으면 오히려 그것 자체가 또 다른 두려움의 원인이 될 수 있습니다. '죽음 이후의 세계'에 대해 왜곡된 내용을 수용하게 되면 그 세계가 또다른 두려움을 만들 것이기 때문입니다.**

---

* 앞의 『의사들, 죽음을 말하다』, p. 169.
** 이단이나 사이비종교가 이를 교묘하게 이용을 하고 있다.

여기에서 두 번째 과제가 나타납니다. 그것은 '영적 세계(영혼)' 와 '죽음 이후의 세계'에 대해 죽음학을 넘어선 곳에서 해법과 해답을 모색해야 하는 문제입니다.

임사체험자들이 이전보다 종교적인 태도를 취하고, 죽음을 앞둔 사람들은 훨씬 영성이 깊은 자세로 바뀐다는 것은 학자들의 연구에 의해 밝혀졌습니다. 그뿐만 아니라 죽음학 연구자들은 거의 대부분 '사후생' 공부가 죽음을 극복하고 의미와 가치 있는 삶을 살아가는 데 필요하다면서, 영적 세계에 대한 지식의 중요성을 지적합니다.

우리나라의 대표적인 죽음학자인 최준식 교수도 '사후생' 공부의 필요성을 강조하면서 영적인 세계와 지혜의 연관성을 이렇게 설명하고 있습니다: "(사후생 공부는) 우리에게 가장 중요한 것이 영혼(의 성숙)이지 몸이 아니라는 것을 알게 한다. 또한 '사후생'을 통해 영적인 세계를 알고 나면, 이 세상에서 어떻게 살아야 하는지에 대한 정확한 지혜를 얻게 된다. … 무한 경쟁이나 물질, 헛된 명예, 말초적인 쾌락, 또는 바닥이 없는 욕심만 추구하는 이승의 삶이 얼마나 잘못된 것인지 진정으로 알게 된다. … 이런 것들이 얼마나 헛된 것인지 알기 때문에 자연히 그런 것에서 멀어지게 된다."*

이처럼, 영적인 세계를 알거나 체험하게 되면 이 세상에서 어떻게 사는 것이 가치 있고 의미 있는 것인가를 깨닫게 되기 때문에 영적 세계를 아는 것이 중요하다고 죽음학자들은 말하고 있습니다.

그러나 죽음학에서는 영적 세계와 관련된 다음의 의문점들에 대해 분명한 설명을 하지 못하는 한계가 있습니다.

'영혼이란 무엇이며 어디에서 와서 어디로 가는가?'
'영적 세계는 어떤 세계를 말하는가?'
'죽음 이후의 세계는 어떤 곳이며 내가 그곳으로 갈 수 있는가?'
'죽음 이후의 세계에 내가 간다면 어떤 존재로 가게 되는가?'

따라서 '죽음학 이후'의 담론이 새롭게 요구되는 것입니다.

---

* 앞의 『너무 늦기 전에 들어야 할 죽음학 강의-행복하게 살기 위해 꼭 필요한 공부』, p. 64.

3.

철학자 헐버트 스펜서(Herbert Spencer)는 "사람은 삶이 두려워서 사회를 만들고 죽음이 두려워서 종교를 만들었다"고 했습니다. 철학적 관점에서 죽음과 종교의 연관성을 설파한 말입니다.

종교는 태생적으로 인간의 죽음과 밀접한 관계가 있습니다. 따라서 죽음을 대상으로 하는 죽음학도 종교와 밀접한 관계를 맺고, 종교적인 도움이 필요한 것은 당연하다 하겠습니다.

이 책에서도 죽음학의 관점에서 '죽음을 어떻게 극복할 것인가?'를 논의했지만 결국 그것만으로는 죽음을 완전히 극복하기에는 한계가 있다는 것을 인정할 수밖에 없습니다. '영적 세계'와 '죽음 이후의 세계'는 과학적으로나 이성적으로 설명할 수 없거나 아직은 해명하기도 힘든 세계이기 때문입니다.

육신의 눈으로는 볼 수 없는 탓에 실증적인 논증이 불가능한 이 세계에 대해 가르침을 주는 분야가 종교입니다. 따라서 죽음을 궁극적으로 극복하기 위해서는 종교의 도움을 받는 것이 필요합니다.

종교는 죽음을 극복하는 데 중요한 방법이 되는 신념과 깨달음을 얻게 할 뿐 아니라, 의미 있고 가치 있는 삶을 살아가는 데 도움을 줍니다. 그런 점에서 종교 생활은 매우 의미가 있습니다. 하지만 현대사회에서 종교적 신념과 깨달음만으로 현실적인 문제, 특히 죽음에 관련된 문제를 해결할 수는 없습니다.

결론적으로, 죽음학과 종교(신앙)가 상호 보완적인 차원에서 서로의 영역을 존중하면서 부족한 면을 채워나갈 때만이, 각각의 영역이 이룩한 성취의 의의를 배가시킬 수 있으며, 그 시너지 효과로 죽음의 두려움, 두려움으로 말미암은 죽음의 문제를 극복할 수 있으리라 생각합니다.

이 책 3장에서 살펴보았습니다. "사랑, 용서, 감사, 기쁨, 나눔, 봉사, 겸손, 행복, 영성, 신의 가르침, 삶의 의미, 탐욕 버리기, 시간의 소중함을 깨닫기"가 그것입니다. 이러한 지혜들은 하나하나가 모두가 소중한 것들입니다. 이것은 모두 죽음학에서 밝혀낸 것들입니다. 그러나 죽음학은 그 지혜를 밝히기는 했지만, 인간이 그것을 내면화하게 하는 데는 한계가 있는 것이 현실입니다.

반면에 종교는 죽음학에서 알려주는 지혜들을 오래전부터 가르쳐 왔습니다. 그리고 지혜가 주는 깨달음을 내면화하고, 신념화할 수 있는 힘을 줍니다. 그때문에 종교 생활의 필요성을 죽음학 전공 학자들도 동의하고 강조하며 권유하는 것입니다. 그들은 공통적으로, 평안한 죽음을 맞이하기를 원한다면 건강할 때부터 종교나 신앙에 의지하라고 강력하게 권유하고 있습니다.

부록 1

현대 의학계의 사후생 연구 고찰*
—임사체험 연구를 중심으로

* 이 글은 임영창, 「현대 의학계의 '사후생' 연구 결과에 대한 목회적 의미」(『신학연구』 67, 2015, pp. 443-471)를 수정 보완한 것이다.

들어가는 말

'죽음 이후의 세계' 연구를 위해, 죽음을 경험한 사람들의 사례를 다룬 분야를 사후생(Life After Death) 연구라 한다. 따라서 사후생 연구는 사후 세계, 즉 죽음 이후의 세계에 대한 연구라 할 수 있다.

'사람이 죽은 뒤에는 어떻게 되는가?'는 인류가 지난 수천 년간 궁금하게 여겼던 문제이다. 하지만 이 문제는 언제나 미완의 과제로 남을 수밖에 없었다. 죽음을 온전히 경험한 사람들은 이미 이 세상에 살고 있지 않기 때문이다. 다시 말해, 완전히 죽었다가 살아난 사례는 공식적으로는 단 한 번도 없기 때문이다.*

죽음을 경험한, 다시 말해 죽었다가 다시 살아난 사람은 없지만, 인류 역사에서 죽음 이후의 세계, 즉 사후생 연구가 오래전

---

* 임사체험 문제는 결을 달리하여 논구할 것이다.

부터 존재해 왔다. 이러한 사후생 연구의 이해는 죽음 이해와 그 두려움의 극복, 그리고 죽음으로부터 오는 지혜의 목소리를 듣는 데 의미 있는 통찰을 줄 것으로 기대된다. 이러한 사후생 연구는 어떤 내용을 담고 있는지를 살펴보고자 한다.

역사상 존재했던 사후생 연구들은 문화와 종교적 차이, 그리고 시대적, 지역적 차이만큼이나 다양한 내용들을 포함하고 있는데, 이들을 대략 다음과 같이 분류할 수 있다.

(1) 사후 세계의 운용 원리(법칙)에 대한 연구*

(2) 사후 세계를 체험한, 임사체험자에 대한 연구**

(3) 최면 치료 방법을 통한 사후생 연구

(4) 영매를 통한 사후생 연구

(5) 각 문화와 종교에서의 환생설에 대한 연구***

---

* 스베덴보리의 연구가 대표적이다. 스베덴보리, 스베덴보리연구회 편, 『위대한 선물』(다산북스. 2015) 참조. 케네스 링 교수는 그의 책 『Life at Death』에서 스베덴보리의 견해에 절대적으로 찬성하고 있다.
** 다스칼로스, 마르티누스의 연구들이 대표적이다.
*** 마이클 팀, 김자성 역, 『사후 세계의 비밀(The Afterlife Revealed- What Happens After We Die)』(북성재, 2013), p. 11. 이 책은 특히 최면치료법을 통한 사후 세계, 그리고 영매를 통한 죽음 이후의 세계와 환생에 대해 자세히 소개하고 있다. 이 책의 역자 김자성 박사는 미국에서 정신과 의사로 활동하는 동안 사후 세계 연구를 지속적으로 탐구해 왔고, 귀국 후 독서모임을 통해 한국에서 현직의사로서는 처음으로 사후 세계에 관련된 책을 번역 소개하는 한편 해당분야 연구에 매진하다가 미국으로 다시 건너가 의사로서, 죽음학 연구자로 활동하고 있다.

이러한 사후생 연구들은 오랫동안 과학적 근거가 없는 개인
적인 체험이나 환상이라 치부되어 왔다. 현재까지도 여전히 대
다수의 사람들은 죽음이란 경험할 수 있는 영역이 아닐뿐더러
과학적으로 증명할 수 있는 영역도 아니라고 믿기 때문이다.

그런데 1970년대 중반부터 죽음 이후의 세계, 즉 사후생에 대
한 새로운 단서가 조금씩 쌓이기 시작했다. 의학의 발달로 인해
과거에는 죽어서 더 이상 말이 없었을 사람들이 극적으로 다시
살아나, 자기들이 겪은 체험-임사체험을 소개했고,* 이들의 경
험 사례를 통해 사후생에 대한 연구가 시작된 것이다.

새로운 국면에서의 사후생에 대한 초기 연구들은 주로 정신
과 의사나 심리학자들이 주축이 되어 이루어졌는데, 시간이 지
나면서 의학계 내의 각 분야로 점차 그 연구 영역을 넓혀갔다.

의학계에서 진행되는 사후생 연구는 여러 갈래로 나뉘어 있
어서 그 영역을 구분하는 것조차 학자들마다 의견을 달리 한
다.** 현재로서는 사후생 연구의 영역을 대략 다음과 같이 구분

---

* *Ibid.*, p. 5.
** 최준식, 『죽음의 미래』(소나무, 2011), p. 28. 사후생 연구에 대해 학자간의 견해와 태도
가 다르다. 최준식 교수는 『죽음의 미래』에서 다음과 같은 세 단계로 나누어 설명한다.
(1) 단순하게 사후생이 존재한다고만 인정하는 단계 (2) 사후생이 운용되는 원리나 법칙
을 인정하고 그것을 연구하는 단계 (3) 인간의 환생설을 인정하고 그 원리를 탐구하는 단
계. 최준식 교수의 사후생 연구는 의학계만이 아닌, 신비주의자 혹은 심리학자들의 연구

할 수 있다.

(1) 인간에게 영혼이 있는가를 묻는 영혼 존재 유무 연구

(2) 임사체험자를 중심으로 한 사후 세계(사후생) 경험 연구

(3) 임사체험자의 경험이 현재의 삶에 미치는 영향과 의미 연구

그러나 이러한 세 영역에서도 의미 있는 차이들이 존재하므로 실제 갈래는 더 다양하다고 할 수 있다. 따라서 사후생 연구에 대해 지금까지 의학계에서 진행된 연구 과정과 내용을 살펴보는 것이 좀 더 명확한 방법이 될 것이다.

1. '사후생' 연구의 서막 - 죽음학

'사후생'이라는 개념을 제일 먼저 쓴 사람은 죽음학 창시자로 알려진 엘리자베스 퀴블러 로스* 박사이다. 퀴블러로스를 소개할 때 특기할 만한 점은 미국의 시사 주간지 『타임』이 그를 '20세기 100대 사상가' 중의 한 명으로 선정한 사실이다. 이는 그녀가 수십 년 동안 인간의 죽음이라는 강렬한 주제를 혼신을 다해 연구하고 실천한 공로를 인정한 것이다. 그녀는 처음으로 '죽음학'

까지 포함하고 있다.
* 엘리자베스 퀴블러 로스의 대표적인 저서로 (1) 『인생수업(Life Lessons)』(이레, 2007). (2) 『죽음의 순간(On Death and Dying)』(자유문화사, 2000). (3) 『사후생(On Life After Death)』(대화문화아카데미, 2010) 등이 있다.

이라는 분야를 학문의 반열에 올려놓았고 그 발전에도 크게 공헌하였다. 그녀는 죽음학의 창시자로서 죽음에 관한 괄목할 만한 업적을 남긴 까닭에 '죽음학 분야의 독보적인 존재*라는 평가를 받는다.

1926년 스위스에서 태어난 퀴블러로스가 죽음에 대해 관심을 갖게 된 계기는 이렇다. 제2차 세계대전이 끝나고 열아홉 살의 나이로 폴란드의 마이데넥에 있는 유대인 수용소에서 자원 봉사 활동을 하던 중 겪은 체험이 그것이다. 그녀는 그곳에 수용되어 죽음을 맞이한 사람들이 벽에 그려 놓은 나비들을 보고 인간의 삶과 죽음에 새롭게 눈을 뜨게 된 것이다. 그 후 스위스 취리히 대학교에서 정신의학을 공부한 후, 뉴욕, 시카고 등의 병원에서 죽음을 앞둔 환자들의 정신과 진료와 상담을 담당했다.

그녀는 병원에서 근무하는 동안 의료진이 임종을 앞둔 환자의 심박수, 심전도, 폐 기능 등에만 관심을 가질 뿐, 환자를 '한인간'으로 대하지 않는 것에 크게 충격을 받는다. 그리고는 호스피스의 중요성을 역설하면서 미국 병원에 처음으로 호스피스 제도를 도입해 임종 환자를 돌보는 운동을 시작했고, 그 과정에

---

* 앞의 『죽음의 미래』, p. 30.

서 환자들과 수많은 대화를 하였다. 이를 통해 그녀는 '어떻게 죽느냐'의 문제가 '삶을 의미 있게 완성하는 중요한 과제'임을 깨닫는다.

그녀는 말기 환자 5백여 명을 인터뷰하여 그들의 이야기를 책으로 발간하였는데, 『죽음의 순간(On Death and Dying)』이 바로 그 책이다. 이 책은 전 세계 25개국 이상에서 번역되었다. 이 책으로부터 '죽음학'이 학문으로서 기반을 구축했다고 볼 수 있다.

2. 죽음학에서 '사후생' 연구로

엘리자베스 퀴블러 로스 박사는, 『죽음의 순간』을 집필할 때까지만 해도 죽음 이후의 세계에는 관심이 없었다. 오히려 그녀는 죽음 이후의 세계의 존재에 부정적인 입장을 견지하고 있었다. 그러나 '임사체험(Near-Death Experience, '근사체험'이라고도 한다.)'을 한 환자들을 자주 만나면서 그녀의 생각은 바뀌게 된다. 그들의 경험을 듣고, '죽음 이후의 세계는 존재한다.'는 확신을 갖게 된 것이다. 그리고 그런 그녀의 생각을 담아 발표한 책이 『사후생-죽음 이후의 삶의 이야기』*이다. 이 책은 퀴블러로스가 사

---

* 앞의 『사후생-죽음 이후의 삶의 이야기(On Life After Death)』.

후생이 확실히 존재한다는 것을 역설하기 위해 미국 전역을 순회하면서 강연한 것을 모아 펴낸 것으로, 이때부터 '사후생'(Life After Death)이라는 말이 세상에 등장하게 되었다.

퀴블러로스는 『사후생』에서, 인간은 죽은 후에 물질의 몸이 아닌 영체(psychic body)로 존재한다고 주장하였다. 그녀는 "나의 실질적인 사명은 죽음이란 존재하지 않는다는 것을 사람들에게 말하는 것"이라면서, "인류가 이것을 아는 것이 매우 중요한 일이다"라고 강조하였다.*

이러한 자신의 생각을 비웃는 사람들에게 "어쨌든 그들도 죽을 때에는 알게 될 것"이라고 했을 뿐 아니라, "죽음 뒤에 삶이 존재한다는 것은 앎(지식)의 문제이지 믿음의 문제가 아니다"라는 유명한 말을 남겼다.

3. 사후생 연구의 의학적 접근: 임사체험을 중심으로

퀴블러로스 박사의 '사후생' 언급 이후, 의학계에서 사후 세계에 대한 관심이 고조되었다. 특히 사후 세계를 연구하기 위해 '임사체험'에 대한 본격적인 의학적 연구가 시작되었다.

* *Ibid.*, p. 75.

임사체험 연구는 레이먼드 무디 주니어(Raymond A. Moody, JR.)로부터 시작된다. 무디는 버지니아 대학교에서 철학학사·석사·박사 과정을 마치고 웨스트버지니아 대학교에서 심리학 박사 학위를 취득한 후 동 대학교 심리학과 교수가 되었으며, 1976년에는 조지아 의과 대학에서 의학박사(MD.) 학위를 받았다.

무디가 임사체험 현상을 연구하기 시작한 것은 1960년대이고 심리학과 교수시절인 1975년에 '임사체험'(near-death experience)이라는 신조어를 처음 사용하였다. 그는 임사체험 연구 결과를 『다시 산다는 것 - 사후 생존이라는 현상에 관한 보고』*라는 책으로 발표하였는데, 이 책은 임사체험 연구의 효시를 이룬 저작으로 평가된다.

이 책의 부제 '사후 생존이라는 현상에 관한 보고'에서 알 수 있듯이, 무디는 "인간이 지닌 영혼의 가장 흥미로운 측면이 더욱 명확하게 규명되기를 바라는"** 희망으로 책을 썼다고 그 의미를 밝혔다. 이 책은 학술적인 책은 아니지만, 죽음 이후 세계에 대한 주제를 공식적으로 거론했다는 점에서 큰 의의가 있다.

---

* 레이먼드 A 무디 주니어, 주진국 옮김, 『다시 산다는 것(Life After Life: The Investigation of a Phenomenon-Survival of Bodily Death)』(행간, 2007).
** *Ibid.*, p. 16.

무디는 그의 책에서 임사체험자들이 각각 경험한 내용의 유사성을 발견하고, 이를 열다섯 가지로 정리하였다.*

(1) 체험자들이 자신의 경험 내용을 표현하는 데 한계가 있다. 임사체험자들은 한결같이 자신의 경험을 '형언할 수 없는 무엇, 즉 표현 불가능한' 것으로 특정 짓는다. 많은 사람들이 '제가 경험한 것을 표현할 낱말이 없다'거나, '그 말들은 이것을 묘사하는 데 적합하지 않다'고 응답한다.

(2) 죽음 체험 당시에 자신이 죽었다는 말을 듣는다. 많은 임사체험자들이 담당 의사가 자신에게 사망선고를 내리거나 다른 사람들이 '그(체험자)가 죽었다'고 말하는 소리를 들었다고 증언한다.

(3) 죽음에 빠졌을 때, 평화롭고 고요함을 느낀다.

(4) 소음에 민감해진다. 많은 사례에서 사망 당시 또는 죽음에 빠졌을 때 보통 때와 다른 여러 청각적 인지가 일어나는 것으로 보고된다.

(5) 암흑의 터널을 지난다. 즉 체험자들은 간혹 소음이 들리는

---

* *Ibid.*, pp. 29-109의 내용을 필자가 요약하고 부연한 것이다.

것과 때를 같이하여, 어떤 암흑의 공간 속으로 매우 빠른 속도로 이끌려가는 느낌을 받는다. 이 공간의 모양을 묘사하는 데는 여러 단어가 동원된다. 즉 이 공간을 동굴, 우물, 홈통, 둘러싸인 공간, 터널, 깔때기, 진공, 허공, 하수도, 실린더 등으로 표현했다. 체험자들이 사용하는 단어는 제각각이지만, 이들이 모두 한 가지 생각을 표현하려 한 점만은 명확하다.

(6) 유체이탈(몸 밖으로 나간다)을 경험한다. 이들은 암흑의 터널을 빠른 속도로 통과한 후, 마치 자신이 '관조자'나 방안의 제삼자가 된 것처럼 혹은 '연극무대 위의' 또는 '영화 속의' 등장인물이나 사건들을 바라보듯, 자기 육신 밖의 어느 지점에서 자신의 육신을 바라보고 있다는 것을 인식한다. 체험자 대다수가 육신에서 분리되고 나서 자신이 또 다른 몸속에 있는 것 같았다고 말한다.

무디는 그 몸을 '영체'(靈體, Spiritual Body)라 부르기로 한다. 사망 직전에 이른 사람은 그 제약이 드러나지 않는 영체를 처음 알게 된다. 이들은 자신의 육체에서 이탈하고 나면, 타인에게 아무리 필사적으로 자신이 처한 곤경을 말하려 해도 아무도 그 말을 들을 수 없다는 것을 발견한다.

여기에 더해 영체에 깃든 그 사람은 곧 자신이 타인에게 보이지 않는다는 사실을 알게 된다. 또 영체는 실체가 없으며, 주변의 사물들이 쉽게 영체를 통과하는 것 같고, 그는 자신이 만지려 하는 어떤 사물이나 사람도 움켜쥘 수 없다. 그뿐 아니라 이 영체는 무게가 없다는 것도 체험자들이 한결같이 하는 말이다.

마지막으로 거의 모든 체험자가 유체이탈 상태의 '초시간성'을 언급한다. 이때 동작이 방해받지 않은 것과 마찬가지로 사고도 자유로웠다고 회상한다. 육신이 심각하게 손상되었어도 영체는 결코 손상되지 않는 것 같다.

(7) 다른 영적인 존재들과 만난다. 많은 사람들이 임종하는 어느 시점에 자기 주변에 다른 영적 존재가 있고 이들이 죽음으로의 이행을 돕거나 아직 죽을 때가 아니니 육신으로 돌아가라는 말을 해주는 존재임을 깨닫게 된다.

(8) 빛의 존재를 만난다. 아마도 이 연구에서 가장 믿기 힘들고 개인에게 가장 심대한 영향을 미치는 요소라 하겠다. 체험자들은 매우 밝은 빛을 만났다고 이야기한다. 그 빛은 아주 명확한 인격을 가지고 있으며, 이 존재에게서 임종하는 사람에게로 뿜어져 나오는 사랑과 온기는 말로 표현할 수 없고, 체험자는 그 빛에 온통 둘러싸여 완전한 평온과 포용의 느낌을 받는다. 이 존재는 나타나자마자 저승으로 향하는 이와 소통하기 시작한다. 빛의 존재는 체험자가 자리한 곳으로 극적으로 들어와 거의 순간적으로 특정한 생각을 체험자에게 보낸다. 막힘이 없는 이

런 생각의 교환이 체험자의 모국어로 일어나는 것도 아니다. 하지만, 체험자는 완벽하게 이해하고 순간적으로 인지한다. 빛의 존재가 질문하는 것은 이들을 비난하거나 위협하려는 것이 아니라는 데 모두 동의한다. 대답이 무엇이든, 이들은 여전히 그 빛에서 나오는 완전한 사랑과 포용을 느끼기 때문이다.

(9) 반추(자신의 삶을 돌아봄)하게 된다. 반추는 기억이라는 말로 설명할 수밖에 없다. 기억이 그것에 가장 근사한 현상이기 때문이다. 하지만 여기서 반추라고 표현하는 현상은 보통의 기억과는 구별되는 특징이 있다. 자신의 생애를 되돌아보는 현상을 의미하며, 이러한 현상은 놀랄 만큼 빠르게 진행된다.

(10) 경계 또는 한계에 접근한다. 임사체험을 하는 동안 일종의 경계나 한계라 할 수 있는 곳에 접근하는 것 같은 느낌을 받는다.

(11) 몸으로 돌아온다. 임사체험의 어느 시점에 분명 '되돌아와야' 했다. 하지만 대개 이때쯤 그들의 태도에 흥미로운 변화가 생긴다. 죽음 이후 처음 얼마 동안 그들이 흔하게 갖는 느낌은, 자신의 몸으로 되돌아가고자 하는 필사적인 욕구와 자신의 사망에 대한 강렬한 유감의 감정이다. 그렇지만 좀 더 깊이까지 경험하는 경우 자기 육체로 귀환하기를 원하지 않고, 심지어 거부하기까지 한다.

(12) 임사체험을 다른 사람에게 말할 때 좌절을 느낀다. 임사체험자들은 그 경험의 진실성과 중요성에 대해 전혀 의심하지 않는다는 점을 강조한다. 이들은 이 경험을 꿈이 아니라 실제로 자신에게 일어난 사실이라고 이야기한다. 어떤 이들은 주변 사람들에게 이 체험에 대해 말했다가 면박을 받고 나서부터 침묵하기로 결심한다. 임사체험을 이야기하려는 시도가 불신과 이해 부족이라는 벽에 부딪히는 것을 고려할 때, 체험자가 자신이 그런 경험을 한 유일한 사람이라고 확신하게 되는 것도 무리가 아니다.

체험자들이 자신의 경험을 말하기 꺼려하는 또 다른 이유는 그 경험이 설명하기 힘들고, 인간의 언어나 인식, 존재 방식과 동떨어진 것이어서 말로 표현하는 것이 무의미하다고 여기기 때문이다.

(13) 깨어난 후 삶에 변화가 생긴다. 많은 체험자가 죽음을 경험한 덕에 자신의 세계관이 확장되고 심화되었으며, 삶에 대해서도 철학적으로 깊이 성찰하게 되었다고 느낀다. 현실 세계로 돌아온 후 생활 태도나 접근법이 변화했다고 증언한다. 일부는 유체이탈 이후 '영혼의 개념'과 '영혼에 대한 육신의 상대적 중요성'에 대한 생각이 변했다고 말한다. 체험자들이 각각의 체험에서 얻은 교훈은 놀랄 만큼 서로 유사하다. 대부분의 체험자가

현세에서 비할 수 없이 깊은 사랑을 타인에게 베풀도록 노력해야 한다고 강조한다.

또 많은 체험자가 지식 추구의 중요성을 강조한다. 임사체험이후 도덕적으로 '정화'되었거나 완전해졌다고 말하는 사람은 없다. 누구도 어떤 식으로든 '성인군자인 척' 하는 태도를 보이지 않는다. 이들은 미래와 더불어 새로운 목표와 도덕적 원칙을 갖게 되고, 그 원칙을 지키며 살고자하는 결의를 다지게 됐지만, 이는 즉각적인 구원이나 도덕적 무결성과는 달랐다.

(14) 죽음에 대한 공포가 사라진다. 체험자들의 이러한 경험은 육신의 죽음을 바라보는 그들의 태도에 커다란 영향을 미쳤다. 죽음 이후 어떠한 일도 일어나지 않을 것이라고 생각했던 사람들의 경우는 특히 그러하다. 거의 모든 체험자가 어떤 방식으로든 이제 더는 죽음을 두려워하지 않는다고 말한다. 여기에는 다음과 같은 부가설명이 필요하다. 첫째, 특정 방식의 죽음은 분명 바람직하지 않다는 것이다. 예를 들면 자살 같은 죽음이 그렇다. 둘째, 이들 중 누구도 적극적으로 죽음을 추구하지 않는다는 점이다.

체험자들이 죽음을 두려워하지 않는 이유는 임사체험 후 육신은 죽어도 혼은 죽지 않는다는 점을 조금도 의심하지 않게 되었기 때문이다. 또한 전통적인 내세관을 가진 사람도 임사체험

이후에는 어느 정도 그러한 견해에서 후퇴했다. 필자가 수집한 모든 체험담에서는 그 누구도 내세의 광경을 신화처럼 설명하지 않았다. 내세의 상벌 모델을 버리고 그것을 부정한다. 그리고 일방적인 심판이 아닌 자아 인식이라는 궁극의 지향점을 향해 협동적인 발전을 이루려는 태도를 보인다. 이러한 관점에 따르면, 특히 사랑과 지식이라는 영적 능력의 발전, 즉 영혼의 발전은 죽음 이후에도 멈추지 않는다.

(15) 사후 체험을 확인한다. 많은 체험자들이 꽤 오래 육신을 이탈해 있는 동안 현실 세계에서 일어난 많은 일들을 목격했다고 말한다. 현장에 함께 있었거나 후에 그 사건들을 확인해주는 다른 목격자들의 증언으로 그들의 말이 진실임을 입증할 수 있을까? 놀랍게도 그 대답은 꽤 많은 사례에서 '그렇다'이다.

유체이탈 상태에서 목격한 사실의 묘사가 실제와 상당히 부합하는 경향이 있다. 예컨대 몇몇 의사는 의학 지식이 없는 환자들이, 그것도 의사가 '사망'한 것으로 판단한 가운데 실시한 심폐소생술의 전 과정을 그렇게 자세하고 정확하게 묘사할 수 있는지 적잖이 당혹해한다.

무디는 이러한 임사체험자들의 경험을 소개하면서, 성서, 플라톤의 저술, 『티벳 사자의 서』,* 그리고 스베덴보리의 저술**에서도 유사한 사례가 발견된다고 주장한다.***

무디의 연구 외에도 임사체험에 대한 다양한 의학적 연구가 계속되었다. 한 가지 어려운 점은 임사체험 사례를 모으기가 쉽지 않다는 것이다. 그 이유는 임사체험 사례를 찾기 어려울뿐더러, 임사체험을 증언했을 때 주변 사람들로부터 이상한 시선을 받게 되고, 이러한 경험이 반복되면 그 후에는 좀처럼 용기를 내어 경험을 공유하려 하지 않았기 때문이다.

4. 사후생에 대한 의학적 연구와 과학적 분석

무디가 연구를 시작한 지 5년 후에 더욱 체계적이고 과학적인 방법을 이용한 임사체험 연구 결과가 나왔다.

미국 코네티컷 대학의 심리학과 교수인 케네스 링(Kenneth Ring)은 『죽음 앞의 생(Life at Death)』에서, 통계를 이용한 과학적이고도 객관적인 방법으로 임사체험에 대한 연구 결과를 발표하였다. 링은 임사체험자의 경험을 좀 더 정확하게 분석하기 위해 그들

---

* 파드마삼바바, 류시화 역, 『티벳 사자의 서』(정신세계사. 1995). 이 책을 더 쉽게 이해하도록 만든 『티베트 사자의 서: 그림으로 풀어낸 삶과 죽음의 안내서』가 있다.
** 앞의 『위대한 선물』(다산북스. 2015).
*** 앞의 『다시 산다는 것』, p. 136.

의 삶의 배경까지 조사했다. 삶의 배경이란 임사체험자의 성별, 인종, 결혼 여부, 종교 및 교파, 교육 정도, 나이, 면담 당시 연령, 임사체험 당시 연령 등의 정보를 말한다. 이것이 중요한 이유는 삶의 배경에 따라 임사체험 내용이나 양상이 다르게 나타날 수 있기 때문이다. 나아가 임사체험의 여러 요소를 분류하여 그 중요도에 따라 '주요 체험 비중 지수(Component and Weights for the Core Experience Index)'*를 만들어 적용하였다.

이렇게 정교하고 다양한 조사 방법을 동원하여 연구를 진행한 결과, 앞선 무디의 연구 결과와 큰 틀에서 일치한다는 사실이 밝혀졌다.**

링 교수의 임사체험 연구 이후, 의학박사 제프리 롱(Jeffrey Long)이 무디가 그의 연구에서 아쉬워했던 한계를 뛰어넘는 연구성과를 20년 만에 내놓게 된다. 롱 박사는 1998년 임사체험연구재단을 설립하고, 10년 동안 1,300명이 넘는 임사체험자의 사례를 수집하였다. 이들 사례에 통계학적인 분석을 도입함과 동시에, 그동안 진행되어 왔던 모든 임사체험에 대한 연구를 집대성하

---

* 최준식, 『죽음 또 하나의 세계』(동아시아, 2006) p. 91에서 재인용.
** 최준식 교수는 임사체험에 대해 훨씬 더 상세한 지도를 그린 것쯤으로 파악하면 된다고 설명하고 있다. 앞의 『죽음, 또 하나의 세계』 p. 94.

였다.

본래 방사선 종양학 전문의였던 제프리 롱은, 인터넷을 통해 임사체험자의 사례를 수집하는 방식으로 연구를 진행하였다. 그 사이에 의학기술이 더욱 발전하고 보편화되면서 임사체험자의 수가 늘어난 것도 긍정적인 요인이 되었다. 이렇게 모아진 임사체험 사례를 통계, 분석하였고, 보완적으로 심층 조사를 실시한 결과를 『죽음, 그 후(Evidence of the Afterlife)』라는 책으로 발표하였다.

그는 이 책에서 "죽음을 체험한 사람들이 일관되게 죽음을 통해 '신과 사랑', '사후 세계', '우리가 여기서 존재하며 살아가는 이유', '삶에서 경험한 고통에 대한 용서' 등의 개념을 배우게 되었다"[*]고 하였다. 그는 연구가 철저하게 검증된 과학적 방법으로 이루어졌음을 강조하면서,[**] 그 결과는 '죽음 이후의 세계가 존재한다는 강력한 증거들'이라고 하면서 그 사례를 제시하였다.[***]

(1) 의학적으로 무의식 상태 혹은 의학적 사망 상태에서는 의

---

[*] 제프리 롱, 폴 페리 공저, 한상석 옮김, 『죽음, 그 후(Evidence of the Afterlife)』 (애이미팩토리. 2010), p. 9.
[**] *Ibid.*, p. 67.
[***] *Ibid.*, pp. 68-75 참조. 본래 9개항의 내용을 통폐합하여 재정리하였다.

식 활동이 정지된다. 심장박동이 멈추면 뇌로 혈액이 유입되지 않고, 이 상태가 10~20초 정도 되면 뇌 활동이 중지된다. 뇌 활동은 뇌파도(EEG)로 측정하는데 뇌가 활동을 멈추면 뇌파도가 평평해져, 뇌의 전기적 신호를 측정할 수 없다. 이때가 의식이 없는 상태이다. 의식이 없다는 것은 체계적인 인식을 할 수 없다는 의미이다. 그런데 임사체험자들은 생생하고 체계적인 체험 내용을 설명한다. 의학적으로 임사체험자는 모두 기억상실 상태여야 한다. 죽음 상태에 놓여 있던 시간 동안은 아무 의식 기록도 존재하지 않아야 맞다. 그러나 임사체험자들은 그동안의 체험을 생생하게 묘사한다.

(2) 임사체험자가 유체이탈 상태에서 보고 듣고 지각한 것은 거의 사실로 밝혀졌다. 유체이탈, 즉 영이 몸과 분리되었다고 생각하는 경험은 대다수 임사체험자가 가장 먼저 거치는 단계이다. 뇌의 활동이 정지했기 때문에 또는 육체(시신)가 있는 곳에서 멀리 떨어진 곳에서 벌어진 일이기에 알 수 없어야 마땅한 사건을 보고 들은 것으로 묘사한다.

(3) 어떤 형태의 의식도 있을 수 없는 전신마취 중에도 임사체험이 발생한다. 또 신체적으로 눈이 먼 사람도 임사체험 중에는 선명하게 볼 수 있다. 연구에 의하면 시각장애인으로 태어난 사람들의 꿈에는 시각이 포함되지 않는다. 그런데 임사체험 중에

는 완전하고 선명한 시각을 갖게 된다고 보고한다.

(4) 주마등 혹은 파노라마처럼 삶을 회고하는 내용 중에 체험자가 생전에는 기억하지 못했지만 실재한 사건이 포함된다.

(5) 임사체험 중에 그들이 만나는 사람은 대부분 그보다 먼저 사망한 사람이다. 많은 임사체험자가 오래전에 죽은 사람과 재회하는 극적이고 행복한 일을 증언한다. 임사체험에서 만나는 사람들은 건강하고 젊은 상태이며, 어릴 때 죽은 아이의 경우는 성인의 모습으로 나타나기도 한다. 그들의 외모가 달라졌어도, 체험자들은 그들을 금방 알아본다. 또 친숙하지만 누군지 모르는 존재를 만나기도 하는데, 나중에 가족사진 등을 통해 그들(조상)이 누구인지 알기도 한다.

(6) 어린아이의 임사체험 내용과 성인들의 체험 내용이 놀랍도록 유사하다. 이는 임사체험 내용이 주입된 사고방식이나 교육, 경험에 의한 것이 아니라는 증거이다. 심지어 6세 미만 아이들의 임사체험 내용 역시 성인들의 것과 사실상 동일했다. 또 문화권과 언어권을 넘어 전 세계적으로도 유의미한 일관성을 보인다.

(7) 임사체험자들은 그 체험으로 인해 인생의 태도가 결정적으로 바뀐다. 임사체험은 매우 강렬하며 놀라운 것이어서 체험자의 삶에 지속적이고도 오랫동안 일관된 변화를 가져온다. 공

통적인 현상은 죽음에 대한 공포가 줄어드는 반면, 죽음 이후의 세계에 대한 믿음이 커지는 것이다. 그리고 대부분 이전보다 사람들과의 관계에 더 집중하고 상대방을 배려한다. 나아가 다른 사람들을 돕거나 치료하는 직업을 구한 경우도 있다. 다시 말해 더 인간미 넘치는 사람으로 바뀐다.

5. 사후생 연구의 확장과 비판

1) 사후생의 다양한 연구 성과

사후생 연구에 대해 의학계의 입장은 찬반으로 양분된다. 임사체험 연구에 긍정적인 시각을 갖고 연구 가치를 인정하며 더 많은 연구를 통해 사후생의 실체를 밝힐 수 있다고 인정하는 학자와, 임사체험이란 죽음의 과정에서 일어나는 뇌의 환각 작용이거나 상상일 뿐이라 간주하고 사후생에 부정적인 의견을 제시하는 학자로 나뉘어 오늘날까지 그 논쟁은 계속되고 있다.

하지만, 최근 의학계에서 발표되는 연구 결과를 보면, 의학적인 연구 영역이 더 넓어지면서 임사체험 연구를 긍정적으로 수용하는 경향이 확산되고 있다. 네덜란드 심장전문의 핌 반 롬멜(Pim Van Lommel) 박사는 임사체험을 의학적으로 연구하며 학계의 인정을 받은 연구자이다. 그는 2001년도에 세계적인 의학전문 학술지『란셋』에 임사체험을 연구 분석한 논문을 최초로 발표*하였는데, 그 핵심 내용은 다음과 같다.**

(1) 많은 임사체험자가 심정지 후 육체를 이탈해 외부에서 사건을 인식하는 경험을 했다. 이들은 오래된 옷을 벗듯 육체를 빠져나오고도 그 자신의 정체성과 인지 능력, 감정, 그리고 의식까지 매우 명료한 채로 간직하였다.

(2) 임사체험자 중에는 과거에 자신이 어떻게 행동했고 어떻게 생각했는지를 단번에 보고 확인한 경우도 있다.

(3) 일부 임사체험자는 먼저 사망한 지인, 친지를 만나는 경험을 했다. 외양으로 그들을 알아보고 의사소통도 할 수 있었다.

(4) 일부 임사체험자는 체험 중에 맞딱드린 빛이나 죽은 친지와 말없는 의사소통을 하고, 정수리를 통해 몸으로 돌아왔다고 증언했다.

(5) 임사체험자 대부분은 죽음을 더 이상 두려워하지 않게 되었다.

---

* EBS'데스'제작팀,『죽음 - EBS 다큐프라임 생사탐구 대기획』(책담, 2014), p. 102.
** Ibid., pp. 105-109 발췌 인용.

2) 임사체험 연구 비판과 재반론

임사체험 연구를 비판하는 입장에 대한 반론도 체계적으로 제기되었다. 2013년 뇌 의학자 이븐 알렉산더(Eben Alexander)는 『나는 천국을 보았다』라는 책에서, 임사체험 연구에 대해 '뇌의 환각현상'이라는 의학계의 비판을 반박하였다. 이븐 알렉산더는 하버드 의과대학 교수로서 주요 학술지에 150편 이상의 논문을 발표했고, 국제 의학컨퍼런스에서 200회 이상 연구발표를 한 세계적인 뇌 의학 권위자이자 신경외과 의사인데, 그 자신이 희귀한 뇌손상을 입고 혼수상태에 빠졌다가, 사망 판정을 내리려는 순간 기적적으로 다시 살아난 경험을 한 인물이다.

건강을 회복한 후 자신의 의료기록을 보면서, 자기가 뇌 의학적으로나 생물학적으로 사망판정을 받을 수밖에 없는 상태였음을 알게 된다. 그런데 그는 영혼 상태로 자신의 몸을 떠나 영혼의 세계를 여행한 것을 분명히 인지하고 기억하고 있었다. 그는 자신의 체험을 토대로, '임사체험'은 뇌가 만들어 내는 환각이 아니라고 강력하게 주장한다. 그리고 "사후 세계가 있음"을 그의 책에서 제시하면서,* 자기의 경험이 그동안 진행된 임사체험

---

* 이븐 알렉산더, 고아라 옮김, 『나는 천국을 보았다(Proof of Heaven)』(김영사, 2013), pp. 179-180.

연구 결과와 일치한다고 밝혔다.* 즉 임사체험은 심장마비뿐 아니라, 뇌사상태에 빠진 사람도 경험할 수 있음을 밝힌 것이다.

의학계의 또 다른 영역인 소생의학 분야의 임사체험 연구 성과가 2013년에 발표되었다. 심장전문 의학자이자 소생과학의 권위자인 샘 파르니아(Sam Parnia)의 『죽음을 다시 쓴다』**가 그것이다. 샘 파르니아는 2008년 9월 세계 각국 언론의 주목을 받으며 연구를 시작하였다.

그는 2008년 영국, 미국, 오스트리아의 15개 병원에서 2,060명의 환자를 대상으로 임사체험이 실제로 일어난 일인지 아니면 환각 상태의 결과인지를 검증하는 연구를 진행하였다. '어웨어'(AWARE: AWAreness During REsuscitation, 소생 중의 자각)라 명명된 이 연구는 죽음과 연관된 넓은 범위의 정신적 경험과 의식적 경험의 타당성을 조사한 것이다. 샘 파르니아의 연구 결과의 의의는 무엇보다 실제 사망 체험을 한 사람들에게 '사망 당시 인간의 정신과 의식***(즉, 영혼)에 어떤 일이 일어나는가?'를 조사했다는 점이다.

---

* *Ibid.*, p. 175.
** 샘 파르니아, 조쉬 영 공저, 박수철 옮김, 『죽음을 다시 쓴다(Erasing Death)』((주)페퍼민트, 2013).
*** 그는 그의 책에서 그리스인들이 '프시케'로 부른 것을 의미한다고 하였다.

그는 이 연구에서 첫째 문화적 배경이 다른 사람들의 임사체험 연구, 둘째 임사체험자 개인의 성격 특성 연구, 셋째 임사체험자의 연령(어른/어린이)별 연구도 함께 진행되었다고 밝혔다. 이 연구 결과 모든 임사체험은 문화, 종교, 개인적 성격, 연령 등의 요소를 초월하여 유사한 방식으로 발생한다면서, 그 의미를 다음과 같이 설명하였다: "오늘날 과학자들은 대체로 임사체험이 실제로 일어난다는 점에 동의한다. 아직 해결되지 않은 논점은 임사체험의 의의와 그것의 진정한 의미이다."[*]

이어서, 샘 파르니아는 그동안 제기되었던 임사체험에 대한 세 가지 비판을 반박했다. 비판은 첫째, 임사체험이란 죽음 도중에 뇌에서 일어나는 심리학적, 화학적 변화에 따른 환각이라는 주장, 둘째, 임사체험은 일종의 발작이라는 주장, 셋째, 임사체험은 죽음 도중의 스트레스에 반응하는 일련의 상상이라는 주장으로, 의학계의 중론이었다. 그는 이를 반박하면서 "이번 연구를 통해 기존에 제기되었던 세 가지의 임사체험에 대한 비판적인 이론들은 모두 잘못되었다는 것을 알게 되었다"[**]고 발표하였다. 샘 파르니아 박사는 실제 '임사체험(사망체험)'은 존재

---

[*]   앞의 『죽음을 다시 쓴다』, p. 187.
[**] *Ibid.*, pp. 188-189.

한다는 결론을 강력하게 유지했다.

그는 연구 결과를 설명하면서 인간의 감각만으로 지각할 수 없는 다른 차원이 실재한다고 확신한다면서 전자기파를 그 전형적인 사례로 제시했다: "전자기파는 천 년 전에도 십만 년 전에도, 수백만 년 전에도 존재했으나, 우리가 그것을 발견한 것은 불과 백여 년 전의 일이다."

그러면서 "이제는 죽음 이후의 세계, 즉 영적인 세계가 있음을 인정하지 않을 수 없다."고 연구 성과를 매듭지었다. 즉 임사체험은 환상이 아니라 실제 사건이며, 죽음 이후의 세계, 즉 영적인 세계가 존재한다는 것이 그의 결론이다.*

샘 파르니아 연구의 의의는 다음과 같다.

첫째, 인간 영혼의 존재 유무를 처음으로 '의학적 임상실험'을 통해 확인했다. 둘째, 의학계에서 통상적으로 이루어진 인간의 죽음에 관한 연구에서 '영혼'의 존재를 포함해서 설명해야 한다는 의견을 제시했다. 셋째, 의식이나 영혼에 대해 과학적으로 계속 연구할 수 있는 계기를 마련했다.

* *Ibid.*, pp. 204-206.

6. 임사체험자들의 삶의 변화 연구

사후생 연구의 다른 영역에서는 '임사체험자의 삶의 변화'에 대한 연구도 세밀하게 이루어졌다. 임사체험의 내용과 진위 여부도 중요하지만, 죽음을 체험하고 다시 살아난 사람들, 즉 임사체험자의 체험이 그들의 삶에 어떤 영향을 끼쳤는가도 중요한 관심사이다. 이는 사람들에게 인생의 의미를 알려주는 연구 영역이라 할 수 있다.

레이먼드 무디 주니어나 제프리 롱의 저서는 임사체험자의 삶의 변화에 대한 광범위한 조사 결과를 소개하고 있다. 무디에 의하면, 임사체험자들은 "삶이 확장되고 심화되었으며, 철학적으로 깊이 성찰하게 되었다."고 하면서 임사체험자들이 소생한 후, 한결같이 생활 태도나 문제에의 접근 방법이 달라지고, 그들의 삶을 더욱 소중하게 생각하게 되었다고 보고하고 있다.*

제프리 롱은 임사체험자의 "삶의 태도가 임사체험 후 180도로 바뀌었"으며, "영성이 더 강해지고, 삶의 신성함에 대한 믿음, 신의 존재에 대한 신념, 삶의 의미나 목적에 대한 인식 등을 포함하여 이전보다 훨씬 종교적이거나 영적인 모습을 보였다."고 연

---

* 앞의 『다시 산다는 것』, pp. 100-101.

구 결과를 소개하였다.*

임사체험자들의 삶에 임사체험이 어떠한 영향을 주느냐에 더 초점을 맞춰 연구한 학자는 케네스 링 교수이다. 그는 무디의 연구보다 더 과학적이고 객관적인 통계를 이용하여 연구 결과의 신빙성을 한층 끌어올렸다. 그가 도출한 '임사체험자들의 변화된 모습'의 주요 내용은 다음과 같다.**

첫째, 삶에 대한 인식이 고양되어 일상생활 속에서 큰 기쁨을 느낀다. 예컨대, 할머니의 깊게 주름진 얼굴이나 평범한 자연의 모습도 아름답게 보는 등 작고 사소한 것에서 기쁨을 발견하는 사람으로 변화된다. 따라서 인생의 매순간 기쁨을 경험할 수 있다.

둘째, 자아 존중감이 고양되어, 남의 눈치를 보지 않고, 열등의식, 부정적인 생각을 갖지 않으며, 자만심, 오만, 과시욕도 사라진다. 즉 있는 그대로의 자신을 직시하며, 매사에 긍정적이고 적극적으로 살아가며 만족한다.

셋째, 다른 사람에 대한 존중감이 커져서 봉사의 중요성을 강

---

* 앞의 『죽음, 그 후』, pp. 201-202.
** Ring K., 『Lessons from the Light: What we can learn from the near-death experience』, Moment Point, 1998. 이 책은 아직 우리나라에는 한국판으로 번역되지 않았다. 최준식, 『죽음 또 하나의 세계』 pp. 262-274에서 재인용.

하게 느끼고 그러한 마음이 억누를 수 없을 정도로 왕성해진다.

넷째, 뭇 생명에 대한 존중감이 왕성해져서 모든 생명을 존중하고 지구 환경문제에 관심을 갖게 된다.

다섯째, 물질주의와 경쟁주의를 벗어난 사람이 된다.

여섯째, 영성이 한층 심화되어 영적인 신앙생활을 하게 된다.

일곱째, 지식에 대한 강한 갈증을 느껴, 자기 학습에 열중한다.

여덟째, 삶의 목적의식이 분명해진다.

아홉째, 죽음을 두려워하지 않고 사후생을 확신하게 된다.

열째, 신에 대한 믿음이 더욱 공고해진다.

열한째, 의식이 변화되고, 초능력을 행하기도 한다.

열두째, 육체상의 변화가 나타난다.

링의 연구 이후, 다양한 임사체험자들을 대상으로 오랜 기간에 걸쳐 '임사체험자의 삶의 변화'에만 초점을 맞춘 연구에 매진한 이는 핌 반 롬멜이다.

롬멜은 "임사체험자의 임사 경험은 다시 살아난 후 그들의 인생관이나 가치관이 긍정적으로 확연하게 바뀌도록 영향을 주고 있음을 보여주고 있다."고 주장하였다.* 그의 연구 방법은 케네

---

* 김건열, 정현채, 유은실, 『의사들, 죽음을 말하다』(북성재, 2015), p. 201. http://blog.daum.net/elderseo/15851985에 그 연구 결과가 제시되어 있다. 이 논문은 세계적인 의

스 링의 연구 방법과 차이가 있다. 케네스 링은 회고적 접근법*을 사용하였으나, 롬멜은 전망적 접근법**을 사용함으로써 훨씬 객관적인 연구 결과를 얻을 수 있었다.

롬멜은 '임사체험자들의 삶의 변화'에 대한 추적 조사 방법으로 소생 후 각각 2년과 8년이 지난 시점의 같은 임사체험자들을 대상으로 삼았다. 이 조사에는 비교를 위해, 소생은 했으나 임사체험을 하지 않은 이들에게도 같은 방식이 적용되었다. 그는 연구 결과를 항목별로 나누어 다음과 같이 발표하였다.

다음의 표는 두 그룹의 2년 후와 8년 후 시점의 삶의 변화를 비교 분석한 것이다. 표에 따르면, 임사체험자와 비체험자의 차이는 2년 후의 추적조사 결과에 두드러지게 나타난다.

학전문잡지《란셋(Lancet)》에 발표되었다. 타이베이의 여러 병원에서 시행한 연구에서도 비슷한 결과가 나왔다.

* 회고적 접근법(retrospective approach)은 임사체험자들을 신문광고나 수소문을 통해 모집하여 인터뷰하는 방법이다. 이 방법은 임사체험 후 5~10년이 경과한 경우가 많아 임사체험의 기억에 한계가 있으며, 또 생리학적으로나 약학적 요인을 정확하게 파악하는 데 한계가 있다.

** 전망적 접근법(prospective approach)은 회고적 접근법의 한계를 극복하고자 병원에서 소생한 사람들을 찾아 소생 일주일 이내에 직접 임사체험 여부를 확인한다.

항목		2년 후 추적조사		8년 후 추적조사	
		체험	비체험	체험	비체험
사회 태도	자기 감정 표현	42	16	78	58
	다른 사람 수용	42	16	78	41
	사랑과 동정 표현	52	25	68	50
	타인 이해	36	8	73	75
	가족과의 친밀도	47	33	78	58
종교 태도	삶의 목적 이해	52	33	57	66
	인생의 의미 이해	52	25	57	25
	영적인 관심	15	-8	42	-41
죽음 태도	죽음에 대한 공포	-47	-16	-63	-41
	사후 세계 믿음	36	16	42	16
기타	인생 의미에의 관심	52	33	89	66
	자신에 대한 이해	58	8	63	58
	일상사에 대한 감사	78	41	84	50

연구 결과를 항목별로 살펴보면, 특히 사회적 태도에서 양자의 차이가 확연히 드러난다. 영적인 관심도는 약 3배 이상 차이가 나고, 인생의 의미에 대한 이해도에서도 유의미한 차이가 나타났다. 임사체험자는 비체험자에 비해 타인에게 관용적이고 수용적이었으며, 영적인 관심이 훨씬 커졌고, 인생의 의미나 가치의 중요성을 알고 살아간다. 이러한 양상은 8년 후에도 계속된다. 즉 임사체험 후의 삶의 변화는 일시적인 것이 아니라 죽을 때까지 계속된다고 추정할 수 있다.

이러한 임사체험자의 삶의 변화 양상 연구는 서구에서만 이루어진 것이 아니다. 아시아권의 연구 결과 역시, 임사체험을 통해 삶 자체가 바뀌었음을 보고하고 있다. 1980년부터 국제 임사체험연구회를 설립해 그에 대한 연구를 벌여 오고 있는 일본 교토대학교 칼 베커 교수는 임사체험자의 삶이 체험 전후로 크게 바뀌었다고 보고하였다. 그들의 삶의 태도는 대개 긍정적으로 변했는데 그 이유는 죽음에 대한 두려움이 사라졌기 때문이라고 지적하였다.* 또 임사체험자들이 삶의 변화를 보이는 것은 죽음 이후의 세계를 증명하는 강력한 증거라는 결론을 내리기도 하였다.

이 문제와 관련하여 제프리 롱도 유사한 주장을 내놓았다. 즉 임사체험자들은 짧은 시간 동안 '죽음 이후의 세계'를 경험하였지만, 그 시간에 얻은 단편적인 경험만으로도 수많은 그리고 커다란 태도 변화를 보여주었다. 이는 죽음 이후 세계가 얼마나 심오한 것인지, 또 그 체험이 얼마나 강력한 것인지를 숙고하게 하는 증거라는 것이다.**

---

*   앞의 『죽음 - EBS 다큐프라임 생사탐구 대기획』, pp. 151-152.
**   앞의 『죽음, 그 후』, p. 226.

마치는 말

현대 의학계의 '사후생' 연구 과정은 처음에는 '임사체험'의 연구를 통해, '죽음 이후의 세계가 존재하느냐?' 하는 문제에 집중되었다. 그리고 '죽음 이후의 세계가 존재한다면 그 세계를 경험한 존재, 즉 영혼이 존재하느냐?' 하는 연구가 이루어졌다. 여기서 더 나아가, 사람에게 영혼이 있다면 '죽음을 체험하는 순간에 인간의 영혼이 어떤 경험을 하게 되는가?' 하는 쪽으로 천착했다가 그 죽음의 경험에 어떤 공통점이 있는가? 하는 방향으로 발전되었다.

지금까지 진행되어 온 사후생의 연구 결과를 보면, 크게 두 가지의 의미 있는 결론을 얻을 수 있다.

첫째, '죽음의 경험' 즉, 임사체험은 실제로 일어난 사건이라는 사실이고, 둘째, 실제로 일어난 사건이라면 죽음의 경험에서 영혼의 세계가 존재한다는 것이고, 이는 인간에게 죽음이라는 것이 생물학적인 죽음으로 끝나는 것이 아니라 새로운 세계, 즉 영혼의 세계로 나가는 관문이 된다는 사실이다.

사후생 연구가 위의 두 영역에만 이루어진 것은 아니다. 이 세상을 살아가는 사람들에게 또 다른 의미를 주는 연구영역이 있다. 그것은 '임사체험자들의 삶의 변화'에 대한 연구이다.

한편으로 임사체험의 유무와 영적 세계의 존재 유무에 대한 연구가 진행되었고, 다른 한편으로는 '임사체험'을 한 사람들이 다시 살아나 보여주는 '임사체험자들의 삶의 변화'에 대한 연구도 함께 진행되어 왔다.

임사체험자들의 삶의 변화에 대한 연구는 이 세상을 살아가는 많은 사람들에게 의미 있는 연구이다. 죽음을 체험한 사람들이 긍정적으로 바뀌는 것을 보면서, 다른 사람들에게 가치 있는 삶이란 무엇인가?를 알 수 있게 하는 단초를 제공하기 때문이다.

사후생 연구가 어디까지 발전할지는 아무도 알 수 없다. 하지만 분명한 것은, 죽음이 끝이 아니며, 생물학적으로는 알 수 없는, "새로운 세계"(이를 '영혼의 세계' 혹은 '영적인 세계'라고 표현하기도 한다.)로 나가는 관문이라는 사실을 과학적으로 밝혀 주었다는 데 큰 의미가 있다.

부록 2

삶의 아름다운 마무리를 위해
내가 하고 싶은 다섯 가지 결정*

* 웰다잉문화재단

삶의 아름다운 마무리는 스스로 준비하고 결정해야 이루어질 수 있습니다. 가족과 사랑하는 사람들과 긴 이별 앞에서 내가 무엇을 원하는지 막연하게 추측하지 않도록 미리 결정하여 알려주고 싶습니다.

천만 노인 시대, 행복한 노후를 위해 우리도 삶을 아름답게 마무리하려는 준비와 용기가 필요합니다. 미국에서 활발히 전개되고 있는 파이브 위시즈(Five Wishes) 캠페인은 현재 42개 주에서 공인되어, 천오백만 명이 작성한 대표적 삶의 아름다운 마무리 운동입니다.

우리도 내가 원하는 삶의 마무리를 위한 작은 실천을 시작해 봅시다. 이를 위하여 내가 미리 생각하여 결정할 수 있는 내용을 다음과 같이 5가지 항목으로 정리하여 보았습니다. 본인이 원하는 결정이 무엇인지 선택해 보세요. 오늘부터 아름다운 마무리를 준비할 수 있습니다.

〈결정 1〉
내가 원하는, 그리고 원하지 않는 치료 방법을
미리 결정하고 싶다

☐ 나는 말기나 임종기의 연명의료를 미리 결정할 수 있는 사전연명
의료의향서를 작성하기를 원한다

☐ 나는 말기나 임종기에 무의미한 연명의료(심폐소생술, 인공호흡기 착용,
수혈, 혈액 투석, 항암제 투여, 혈압상승제 투여, 체외 생명 유지술 등)를 원하지
않는다.

☐ 나는 그밖의 무의미하다고 판단되는 연명의료(튜브를 이용한 영양 공급,
대수술, 응급실 입원, 항생제 처치 등)를 원하지 않는다.

☐ 나는 의료인이 나의 말기 상황을 직접 알려주기를 원하며, 연명의
료계획서를 작성하기를 원한다.

〈결정 2〉
편안하고 통증이 없는 호스피스·완화의료 돌봄을
미리 결정하고 싶다

☐ 나는 사랑하는 사람들에게 통증으로 괴로워하는 나의 모습이 마지막 기억이 되지 않기를 원하며, 고통이 심한 경우 충분한 진통 치료를 받기 원한다.

☐ 나는 편안함을 방해하는 심한 우울증, 오심, 구토, 숨 가쁨, 섬망 증상에 도움이 되는 처방약이나 치료를 받기 원한다.

☐ 나는 가능하다면 따뜻한 목욕과 내 몸이 늘 청결하게 유지되기를 원한다.

☐ 나는 임종할 때 기도와 좋아하는 시, 노래로 위로받기를 원한다.

〈결정 3〉

내 마지막을 사랑하는 사람과 어떻게 보내고 싶은지 미리 결정하고 싶다

☐ 나는 사랑하는 사람들에게 내가 그들을 사랑하며, 모든 일을 용서하며, 그리고 용서받기를 원하는 나의 마음을 전할 기회를 얻기를 원한다.

☐ 나의 마지막이 그들에게 슬픔보다는 격려와 즐거움으로, 또한 좋은 기억으로 남기를 원한다.

☐ 나는 가능하다면 병원이 아닌 내가 머물던 곳에서 사랑하는 사람들의 사진이나 함께했던 기억들에 둘러싸여 임종하기를 원한다.

〈결정 4〉
장례 등 나를 추모하는 방법에 대해 미리 결정하고 싶다

☐ 나는 원하는 추모방식(영정사진, 추모 영상, 제단의 꽃, 추모글, 추모 음악 및 노래 등)을 자세하게 적어, 내 결정이 존중되기를 원한다.

☐ 나의 삶이 그러했듯이, 나의 장례용품, 장묘 방식, 장례 절차 등이 관례보다 검소하고 평범하기를 원한다.

☐ 나는 평소에 내가 아끼던 물건이나 사용하지 않은 물품들이 의미 있게 정리되기를 원한다.

☐ 나는 매장하지 않고 화장하기를 원한다.

삶이 묻고 죽음이 답하다

〈결정 5〉

내 생각이 존중될 수 있도록
나의 뜻을 결정하여 알리고 싶다

☐ 나는 유산의 배분 등 사후 처리할 일들에 대해 내 뜻을 밝히는 유언
장을 조만간 작성하기를 원한다.

☐ 나의 삶이 그러했듯이 삶의 아름다운 마무리를 위하여 내게 남은
재산의 10%를 사회의 의미 있는 일에 기부하기를 원한다.

☐ 나는 내 생명의 소중함에 감사하며, 가능하다면 나의 장기, 조직
일부, 시신 기부를 통해 생명나눔에 동참하기를 원한다.

☐ 나의 판단력이 흐려질 때를 대비하여 나를 대신하여 의사결정을
해줄 수 있는 후견인 선정을 의논하여 결정하기를 원한다.

부록: 삶의 아름다운 마무리를 위해 내가 하고 싶은 다섯 가지 결정

〈그 밖에 내가 결정하고 싶은 일들〉

예시 1) 사랑하는 사람들과 '이별 여행'이나 '마지막 만찬'
을 하고 싶다.

예시 2) 장례 때 수의 대신 평소 내가 좋아하던 옷을 입혀
주었으면 한다.

예시 3) 나의 사진 또는 전자 기록 내용을 미리 정리하고
싶다.

예시 4) 장례 때 니를 추모할수 있도록 내 삶의 기록을 미
리 만들어 보고 싶다.

참고문헌

곽혜원, 『존엄한 삶, 존엄한 죽음』, 새물결플러스, 2015.

구연상, 『공포와 두려움 그리고 불안』, 청계, 2002.

김건열, 정현채, 유은실, 『의사들, 죽음을 말하다』, 북성재, 2014.

김균진, 『죽음과 부활의 신학: 죽음 너머 영원한 생명을 희망하며』, 새물결플러스, 2015.

김영봉, 『바늘귀를 통과한 부자』, IVP, 2003.

랍 몰, 이지혜 옮김, 『죽음을 배우다』, IVP, 2014.

레이먼드 A 무디 주니어, 주진국 옮김, 『다시 산다는 것(Life After Life: The Investigation of a Phenomenon-Survival of Bodily Death)』, 행간, 2007.

로버드 마우어, 원은주 옮김, 『두려움의 재발견』, 경향BP, 2016.

마이클 팀, 김자성 역, 『사후 세계의 비밀(The Afterlife Revealed- What Happens After We Die)』, 북성재, 2013.

마틴 린드스트롬, 박세연 옮김, 『누가 내 지갑을 조종하는가』, 웅진지식하우스, 2012.

미치 앨봄, 공경희 역, 『모리와 함께 한 화요일-살아 있는 이들을 위한 열네 번의 인생 수업』, 살림출판사, 2010. 참조.

박경철, 『시골의사 박경철의 자기혁명』, 리더스북, 2011.

박중철, 『나는 친절한 죽음을 원한다』, 홍익출판미디어, 2022.

보건복지부, 국립암센터, 『완화의료 팀원을 위한 호스피스.완화의료 개론』, 2012.

브로니 웨어, 유윤한 옮김, 『내가 원하는 삶을 살았더라면』, 피플트리, 2013.

샘 파르니아, 조쉬 영 공저, 박수철 옮김, 『죽음을 다시 쓴다(Erasing Death)』, (주)페퍼민트, 2013.

셸리 티스데일, 박미경 옮김, 『인생의 마지막 순간에서』, 로크미디어, 2019.

손동인, 『미안하다…미안하다 미안하다』, 파라북스, 2006.

쇠렌 키르케고르, 임규정 옮김, 『죽음에 이르는 병』, 한길사, 2007.

스베덴보리, 스베덴보리연구회 편,『스베덴보리의 위대한 선물』, 다산북스. 2009.

스티븐 케이브, 박세연 옮김,『불멸에 관하여: 죽음을 이기는 4가지 길』, 엘도라도, 2015.

아이라 바이오크, 곽명단 옮김,『아름다운 죽음의 조건』, 도서출판 물푸레, 2010.

알폰스 디켄, 전성곤 역,『인문학으로서의 죽음 교육』, 인간사랑, 2008.

양교철,『죽음 연구』, 신아출판사, 2016.

엘리자베스 퀴블러 로스, 강대은 옮김,『생의 수레바퀴』, 황금부엉이, 2019.

_____, 김진욱 역,『죽음의 순간』, 자유문화사, 2000.

_____, 류시화 옮김,『인생수업(Life Lessons)』, 이레, 2007.

_____, 최준식 옮김,『사후생(On Life After Death): 죽음 이후의 삶의 이야기』, 대화문화아카데미, 2010.

염창환,『한국인, 죽기 전에 꼭 해야 할 17가지』, 21세기북스.

오진탁,『마지막 선물 - 웰다잉(Well-Dying), 죽음이 가르쳐주는 삶의 지혜들』, 세종서적, 2013.

오츠 슈이치, 황소연 옮김,『죽을 때 후회하는 스물다섯 가지』, 21세기 북스, 2011.

우택주,「죽음, 또 다른 생명을 위한 비움」,『기독교사상』, 2005.12.

윤영호,『나는 죽음을 이야기하는 의사입니다: EBS〈명의〉윤영호 박사가 말하는 삶의 아름다운 마무리』, 컬처그라퍼, 2012.

윤철호,『인간: 인간의 본성과 운명에 관한 학제간 대화』, 새물결플러스, 2017.

이븐 알렉산더, 고아라 옮김,『나는 천국을 보았다(Proof of Heaven)』, 김영사, 2013.

이용규,『내려놓음 - 내 인생의 가장 행복한 결심』, 규장문화사, 2006.

임영창,「현대 의학계의 '사후생' 연구 결과에 대한 목회적 의미」,『신학연구』 67, 2015.

임영창,「목회 현장에서의 '죽음의 질'을 높일 수 있는 방안에 대한 고찰」,『세계와선교』제230호, 한신대학교 대학원, 2018.

정재걸,『삶의 완성을 위한 죽음 교육』, 한국방송통신대학교출판부, 2010.

제프리 롱, 폴 페리 공저, 한상석 옮김,『죽음, 그 후(Evidence of the Afterlife):

10년간 1,300명의 죽음체험자를 연구한 최초의 死後生 보고서』, 애이미팩
토리, 2010.
줄리아 아산테, 주순애 옮김, 『두려움 없는 죽음, 죽음 이후의 삶』, 이숲, 2015.
차동엽, 『무지개원리』, 대화문화아카데미, 2012.
차미영, 『죽음의 이해』, 상상커뮤니케이션, 2006.
최준식, 『너무 늦기 전에 들어야 할 죽음학 강의 - 행복하게 살기 위해 꼭 필요
한 공부』, 김영사, 2014.
_____, 『죽음 또 하나의 세계』, 동아시아, 2006.
_____, 『죽음의 미래』, 소나무, 2011.
_____, 『죽음학 개론』, 모시는사람들, 2013.
최화숙, 『아름다운 죽음을 위한 안내서』, 월간조선사, 2004.
카렌 와이어트, 이은경 옮김, 『일주일이 남았다면-죽기 전에 후회하는 7가
지)』, 예문, 2012.
파드마삼바바, 류시화 역, 『티벳 사자의 서』, 정신세계사, 1995.
트루디 해리스, 정경란 옮김, 『죽는 순간, 사람들이 바라는 것』, 브렌즈, 2010.
파드마삼바바, 류시화 역, 『티벳 사자의 서』, 정신세계사, 1995.
한국죽음학회, 『한국인의 웰다잉 가이드라인』, 대화문화아카데미, 2011.
헨리 나우웬, 홍석현 옮김, 『죽음, 가장 큰 선물』, 홍성사, 2016.
EBS 데스 제작팀, 『죽음 - EBS 다큐프라임 생사탐구 대기획』, 책담, 2014.
http://blog.daum.net/peaceedu/15239007
http://blog.naver.com/neolamo/10179761151
https://newspeppermint.com/2014/10/22/mfear-2
http://www.cpbc.co.kr/CMS/newspaper/view_body.php?cid=669998&path
=201702

삶이 묻고 죽음이 답하다

등록 1994.7.1 제1-1071
1쇄 발행 2023년 1월 20일
3쇄 발행 2023년 11월 10일

지은이 임영창
펴낸이 박길수
편집장 소경희
편 집 조영준
관 리 위현정
디자인 이주향
펴낸곳 도서출판 모시는사람들
      03147 서울시 종로구 삼일대로 457(경운동 수운회관) 1207호
전 화 02-735-7173 / 팩스 02-730-7173

인 쇄 피오디북(031-955-8100)
배 본 문화유통북스(031-937-6100)
홈페이지 http://www.mosinsaram.com/

값은 뒤표지에 있습니다.
ISBN   979-11-6629-148-7   03100